Ayude a sus Hijos a Tener Éxito en la Escuela

Guía para Padres Latinos

MAR

Ayude a sus Hijos a Tener Éxito en la Escuela

Guía para Padres Latinos

Mariela Dabbah

SPHINX® PUBLISHING
AN IMPRINT OF SOURCEBOOKS, INC.®
NAPERVILLE, ILLINOIS
www.SphinxLegal.com

Primera Edición: 2006

Publicado por: **Sphinx® Publishing, Impresión de Sourcebooks, Inc.®**

Naperville Office
P.O. Box 4410
Naperville, Illinois 60567-4410
630-961-3900
Fax: 630-961-2168
www.sourcebooks.com
www.SphinxLegal.com

Esta publicación está destinada a proporcionarle información correcta y autorizada respecto a
los asuntos cubiertos. Se vende entendiéndose que la editorial no se compromete a suministrar
servicios legales o contables, ni ningún otro tipo de servicios profesionales. Si se requiere aseso-
ramiento legal u otro tipo de consulta profesional, se deberán contratar los servicios de un
profesional competente.

De una Declaración de Principios aprobada conjuntamente por un Comité de la Asociación
Americana de Colegios de Abogados y un Comité de Editoriales y Asociaciones

Este libro no reemplaza la ayuda legal.
Advertencia requerida por las leyes de Texas.

Library of Congress Cataloging-in-Publication Data

Dabbah, Mariela.
  Ayude a sus hijos a tener éxito en la escuela : guía para padres latinos /
por Mariela Dabbah. -- 1. ed.
     p. cm.
  ISBN-13: 978-1-57248-547-1 (pbk. : alk. paper)
  ISBN-10: 1-57248-547-7 (pbk. : alk. paper)
  1. Hispanic American children--Education. 2. Hispanic American families.
3. Education--Parent participation--United States. 4. Schools--United
States. I. Title.
  LC2669.D35 2006
  371.829'68073--dc22
                        2006017962

Impreso en los Estados Unidos de America

VP — 10 9 8 7 6 5 4 3 2 1

A mis sobrinos: Luciana, Florencia,
Martín, Mariano y Sol

A mis padres Gabriela y Guillermo para quienes la
educación de sus hijos fue siempre una prioridad

Agradecimientos

Este libro fue posible gracias a la visión de mi editora, Diane Wheeler, a quien quiero agradecerle su apoyo en el desarrollo de este volumen. A mi nuevo editor, Mike Bowen, le debo la otra mitad del apoyo.

A Marjorie Venegas y a Arturo Poiré les agradezco por revisar el manuscrito.

Quiero agradecerles a los profesionales que tan amablemente compartieron sus puntos de vista conmigo: Gerardo Averbuj, Patrick Cortese, John Diamond, Aida Fastag-Carvajal, Felix Flores, María Guasp, Jodi Pastell, Helen Santiago, Claire Sylvan, Emilio Tenti Fanfani, Marjorie Venegas y Terry Wisniewski.

También estoy muy agradecida a los numerosos padres que compartieron sus sugerencias y preocupaciones.

Finalmente, quisiera agradecer en particular a mi amiga y colega Iris Yankelevich, no sólo por compartir sus conocimientos conmigo sino por su apoyo a través de los años.

Índice

    Creencia #1—La Escuela es Mejor en los Estados
        Unidos que en Latinoamérica
    Creencia #2—Los Maestros son Venerados
    Creencia #3—La Escuela Siempre Tiene Razón
    Creencia #4—Las Personas Indocumentadas No
        Pueden Participar en el Sistema Educativo
    Creencia #5—Sus Hijos Ya Han Superado su Nivel
        Educativo Por lo Tanto No Hace Falta que
        Reciban Más Educación
    Creencia #6—Solo las Personas que Hablan Inglés
        Pueden Participar de la Educación de sus Hijos

Introducción

Es un hecho bien sabido que la mayoría de los padres quieren lo mejor para sus hijos. Sin embargo, cuando se trata de su educación, haber nacido en otro país agrega una dimensión extra que usted debe tomar en consideración. Al continuar haciendo las cosas de la misma forma en que usted solía hacerlas en su país, es probable que sienta que está haciendo lo mejor para ellos cuando en realidad, muchos aspectos del sistema son diferentes en los Estados Unidos y en Latinoamérica. Al estar consciente de las diferencias usted aumentará enormemente las posibilidades de éxito de sus hijos.

En este libro descubrirá cómo funciona el sistema educativo estadounidense, qué se espera de usted y de sus hijos y cuáles son sus derechos y responsabilidades. Cuando lo termine, habrá obtenido todas las herramientas que necesita para ayudar a su hijo, no sólo a adaptarse al sistema escolar, sino a florecer.

Breves Aclaraciones

Para simplificar la lectura, en lugar de usar "padre o madre" a cada rato, hago uso del masculino "padre" que en español abarca el femenino "madre." Asimismo, en lugar de decir "hijo o hija" "él o ella" uso "hijo" y "él" cuando me refiero al hijo o a la hija en singular.

Por otro lado, a lo largo del libro doy direcciones de Internet en las que puede encontrar información útil. Tenga en cuenta que estos sitios cambian a menudo de dirección y de diseño por lo cual si no encuentra alguna de las referencias, vaya a **www.google.com** o a otro buscador y busque la referencia bajo el nombre de la organización.

Capítulo 1

La Importancia de la Autoestima de su Hijo

Ingresar a la escuela por primera vez es una experiencia estresante para cualquier niño. Un pequeño de 4 años puede estar tan aterrorizado de empezar el preescolar como un niño de 9 puede estar de entrar a tercer grado. Ambos se enfrentan con una situación nueva, con gente nueva, en un país nuevo y muchas veces con un nuevo idioma.

Si ha llegado hace poco tiempo a este país, debe tener en consideración la experiencia inmigratoria de sus hijos. Si han nacido aquí, o si han venido de pequeños, ¿han tenido la oportunidad de asimilarse a la cultura norteamericana antes de entrar a la escuela o han socializado solamente con niños de su país natal?

Si estaban en edad escolar cuando arribaron a los Estados Unidos, su situación puede ser un poquito más difícil, dado que entraron a la escuela cuando los otros chicos ya se conocían hacía varios años.

Póngase en su lugar. Imagínese ser un niño que comienza la escuela con un grupo de desconocidos, con niños y adultos que se comportan diferente de lo que está acostumbrado, y que además hablan un idioma que usted no comprende. Si bien hoy en día muchas escuelas ofrecen maestros que hablan español y clases en español, de cualquier forma la experiencia puede ser aterradora.

Cuando los chicos comienzan la escuela por primera vez en este país, pueden sentir una mezcla de emociones como timidez, temor y vergüenza. Es importante que los ayude a pasar por este proceso mostrándoles su apoyo y su amor. Es un momento crítico en sus vidas en el que decidirán—aun cuando lo hagan en forma inconsciente— si la escuela es una experiencia positiva o no. Si tienen una autoestima alta, van a superar esta transición y rápidamente aprenderán a adaptarse al sistema, tal como lo hacen muchos niños. Por otro lado, si su autoestima es baja, pueden sentirse descorazonados por los chistes que les hagan sus compañeros o pueden sentir que no encajan en el sistema y que no pertenecen a la comunidad escolar. Esto es lo que usted debe evitar dentro de lo posible ya que es una de las razones principales por las cuales los chicos dejan la escuela. (Vea el Capítulo 11 para mayor información acerca de cómo ayudar a que su hijo no deje la escuela.)

¿Qué puede hacer para ayudar a que su hijo sienta que es parte del grupo? Considere los siguientes puntos:

- Averigüe si la escuela ofrece algún deporte al que sus hijos jugaban en su país natal, como por ejemplo fútbol, y anótelo de inmediato.

- Desde el comienzo participe en tantas actividades para padres como pueda. De esa manera sus hijos percibirán que la escuela es un buen lugar para involucrarse.

- Invite a los amigos de sus hijos a jugar a su casa. Ayúdelos a desarrollar un grupo de amigos lo antes posible. Permita que sus hijos se conecten con niños de otras culturas.

Consejo Cultural

Muchas grandes ciudades de los Estados Unidos son mucho más multiculturales que su país natal. Evite hacer comentarios raciales o culturales sobre otros chicos o sobre los maestros. Tenga cuidado cuando hace comentarios sobre gente que aparece en la televisión o sobre individuos con los que brega en su vida diaria. Cuando los niños son pequeños absorben rápidamente estos estereotipos y esto puede llegar a interferir en sus relaciones escolares.

Capítulo 2

De qué Manera su Experiencia Personal Afecta su Enfoque Educativo

Dado que los padres son las personas más influyentes en la vida de sus hijos, todo lo que usted haga (o deje de hacer) los afectará. Es muy importante tener presente cómo su situación actual o sus experiencias pasadas pueden influir en la manera en que encara la educación de sus hijos.

Usted está ahora en los Estados Unidos y debe aprender qué puede esperar del sistema así como también qué espera el sistema de usted y de sus hijos. Si no entiende cómo funciona el sistema en este país, sus hijos no van a tener tanto éxito como podrían tener.

> *Patrick Cortese y Terry Wisniewski de New Learning Concepts, una compañía distribuidora de libros educativos, sugieren que se culturalice. (En otras palabras, que aprenda la cultura de su sistema escolar local para obtener los mejores resultados para sus hijos.) Las cosas en los Estados Unidos no son como eran en su país o como cuando usted iba a la escuela. Debe tener la capacidad de cambiar su forma de pensar para hacerlo como un padre o una madre que tienen hijos en las escuelas norteamericanas, donde se espera que participe y apoye la educación de sus hijos lo más posible.*

En las siguientes secciones revisamos algunas creencias comunes que muchos padres latinos tienen respecto de la educación de sus hijos y del sistema escolar en este país. Verá que hay algunas diferencias drásticas respecto de cosas a las que usted puede estar acostumbrado y al mismo tiempo, que debe responder en forma diferente a los maestros de sus hijos y a la escuela de lo que hubiera hecho en su país. Fíjese con cuáles se identifica y luego lea el párrafo de "Realidad" correspondiente.

Creencia #1—La Escuela es Mejor en los Estados Unidos que en Latinoamérica

Muchos padres crecieron creyendo que la educación en los Estados Unidos era superior a la de sus países. Incluso pueden haber conocido algunos jóvenes que dejaron su país para irse a estudiar a los Estados Unidos.

REALIDAD: *En los Estados Unidos hay grandes diferencias en los niveles de rendimiento a lo largo del país. Su trabajo es explorar las escuelas de su área y encontrar una que vaya bien con sus valores y con los objetivos educativos que tenga para sus hijos.*

Creencia #2—Los Maestros son Venerados

En su país los maestros de escuela son venerados como profesionales importantes y respetables. Nadie cuestiona su conocimiento o su habilidad para educar a los niños. Nadie cuestiona a la escuela como institución. Los chicos van a la escuela y hay poca participación de los padres.

REALIDAD: *En los Estados Unidos a menudo los maestros ganan poco y no se los respeta demasiado. El nivel educativo y de experiencia que tienen los maestros varía mucho, lo que da como resultado buenos y malos maestros. Además cada escuela pública es diferente. Hay escuelas buenas que tienen más fondos y equipo para trabajar, y luego hay escuelas no tan buenas a las que les pueden faltar herramientas críticas y básicas para una educación moderna. Para encontrar la mejor escuela para su hijo y para asegurarse de que estén aprendiendo, debe hacer preguntas.*

Creencia #3—La Escuela Siempre Tiene Razón

En muchos países latinoamericanos la escuela tiene más autoridad que los padres. Por esta razón, los padres pocas veces cuestionan esta autoridad y pueden dar un paso atrás y no participar en la escuela ya que la participación es percibida como una falta de respeto hacia los educadores.

REALIDAD: *En los Estados Unidos su autoridad está siempre por encima de la autoridad de la escuela. Usted es la persona que siempre tomará las decisiones por sus hijos. Si en la escuela hacen algo con lo que no está de acuerdo, usted está en todo su derecho de exigir que no lo hagan más. También tiene el derecho de averiguar cuál es la razón por la cual está ocurriendo algo en particular. Para participar, usted debe expresar su opinión. Por otro lado, tal vez tenga que llevar a cabo ciertas acciones en beneficio de sus hijos.*

Creencia #4—Las Personas Indocumentadas No Pueden Participar en el Sistema Educativo

Si usted está indocumentado, probablemente tenga temor de la mayoría de las instituciones y autoridades gubernamentales. Es posible que esto incluya la escuela de su hijo. Este temor hace que usted no visite la escuela y que no sea parte de su experiencia de aprendizaje.

REALIDAD: *En los Estados Unidos sus hijos tienen el derecho de aprender aun si su familia está indocumentada. En el sistema educativo, nadie puede preguntarle por su estatus inmigratorio, o sea que la escuela es un lugar muy seguro para usted y sus hijos. Es también un lugar donde puede conocer a otra gente que quizá esté en una situación similar, y también a personas que puedan ayudarlo a usted y a sus hijos con sus preguntas y problemas.*

Creencia #5—Sus Hijos Ya Han Superado su Nivel Educativo Por lo Tanto No Hace Falta que Reciban Más Educación

Tal vez le parezca que sus hijos están en una situación tanto mejor que la que usted estaba en su país, que usted esté feliz porque llegaron a la escuela secundaria. Es posible que no tenga expectativas de que sus hijos vayan a la universidad o tal vez crea que no necesitan hacerlo para conseguir un trabajo bien pago.

REALIDAD: *En los Estados Unidos un diploma de escuela secundaria solo les permitirá a sus hijos trabajar en los puestos más bajos. Para que a sus hijos les vaya mejor económicamente y para que puedan ascender en la* *escala social, deben ir a la universidad. Según el Censo, un Graduado de Escuela secundaria gana un promedio de $25.191 mientras que un graduado con título de Bachiller gana un promedio de $41.287.*

Para que su hijo tenga éxito, parte de su trabajo es elegir la escuela secundaria adecuada y trabajar con la escuela y los maestros para que su hijo obtenga la mejor educación posible. Un porcentaje más bajo de estudiantes que se gradúa de una escuela secundaria pública va a la universidad que de los que se gradúan de una escuela privada. Por eso la responsabilidad de ayudar a su hijo a elegir la escuela correcta es aún mayor.

Creencia #6–Solo las Personas que Hablan Inglés Pueden Participar de la Educación de sus Hijos

Usted no habla inglés, por lo tanto cree que no puede ir a las reuniones de padres y maestros, expresar sus deseos y expectativas o participar de ninguna otra manera en la escuela de su hijo.

REALIDAD: *En la mayoría de las escuelas de los Estados Unidos hay personas que hablan español. Puede ser un consejero, un maestro, un secretario, u otro padre. Solicite a la escuela que le envíe las comunicaciones en español. La escuela le debe proveer de servicios de interpretación, de manera que pida que haya un intérprete presente en las reuniones de padres y maestros. Si no participa, la escuela puede interpretar su ausencia como una falta de interés en la educación y el progreso de sus hijos y no como la consecuencia de una barrera idiomática. El hecho de no poder hablar el mismo idioma puede provocar frustración y requiere un esfuerzo extra por parte de todos, pero no debe impedir que usted se involucre en la educación de sus hijos.*

Creencia #7—Los Valores de la Escuela son los Mismos que los Suyos

En su país natal la escuela es un lugar donde los maestros—que son miembros de la comunidad—se ocupan de sus hijos tal como lo haría usted. Por ejemplo, si sus hijos se portan mal, son disciplinados.

REALIDAD: *En los Estados Unidos la disciplina de los niños se maneja de manera diferente y en general la escuela pide que los padres participen cuando hay algún problema. Si la escuela ejerce algún tipo de castigo físico (como por ejemplo pegarle a los chicos con una regla), usted como padre tiene la autoridad de instruir que no se los administren a sus hijos. De cualquier manera, la escuela nunca va a disciplinar a su hijo como lo haría usted.*

Creencia #8—El Sistema Educativo Es Intimidante

Quizá usted no fue a la escuela y se siente intimidado. Tal vez trató de participar en la educación de sus hijos pero por alguna razón un maestro o un director lo hizo sentir incómodo. Ese temor está impidiendo que usted se involucre con los maestros y con la escuela.

REALIDAD: *En los Estados Unidos las escuelas están muy abiertas a los padres. Si su hijo asiste a una que no tiende la mano a los padres, debería considerar pedir un cambio de escuela. No tenga temor y haga un esfuerzo por participar. De lo contrario, sus hijos pueden percibir que la escuela no es importante y tal vez no les vaya tan bien como les podría ir.*

Creencia #9—No Hay Problema en Sacar a sus Hijos de la Escuela por un Tiempo Prolongado

Usted trabaja muy duro y extraña a su familia en su país natal. Es común llevarse a sus hijos en viajes largos que empiezan antes de que termine el año escolar y terminan después de que hayan comenzado las clases.

REALIDAD: *En los Estados Unidos la asistencia escolar es muy importante y determinará si su hijo aprueba una materia o incluso si pasa de año. Cuando saca a sus hijos de la escuela para llevárselos de viaje, de vacaciones o para que lo ayuden en el trabajo, está perjudicando su educación. Al mismo tiempo les está dando dos malos mensajes: 1) que pueden tomarse sus responsabilidades a la ligera y 2) que la escuela no es importante.*

Consejo Cultural

Hay un delicado balance entre asimilarse a un nuevo sistema y mantener viva su herencia cultural. Sin embargo, cuando se trata de educación formal, debe aprender cómo funciona el sistema norteamericano para que sus hijos tengan las mayores posibilidades de tener éxito en este país. La educación es la llave que les abrirá muchísimas puertas. Es para el bien suyo y de ellos que se adapte lo antes posible. Aprenda cómo funciona el sistema y ayude a sus hijos durante el proceso. ¡Verá los beneficios por muchos años!

Capítulo 3
Los Temas Básicos

Las escuelas norteamericanas son parte de un complejo sistema educativo que los mismos estadounidenses tienen problemas en entender. Aprender estas complejidades lo hará sentir mucho más cómodo con los requisitos y regulaciones correspondientes. En este capítulo encontrará una explicación clara de los diversos programas disponibles; todo lo que respecta a la logística de enviar a sus hijos a la escuela (edad en que debe inscribirlos, asignación inicial de grado, transporte, calendario escolar, suministros, etc.); sus derechos en conexión con su estatus inmigratorio, y los programas de desayuno y almuerzo.

Le sugiero que lea esta sección con cuidado pues responderá a la mayoría de sus preguntas acerca de cómo funcionan las escuelas en los Estados Unidos.

Edad de Inscripción

Todos los niños de 5 a 21 años tienen el derecho de asistir a la escuela pública hasta que se gradúen de la escuela secundaria. A un niño de edad escolar no se le puede negar una vacante ya sea porque no tiene la edad adecuada o porque tiene limitada educación previa.

Los niños comienzan el jardín de infantes el año en que cumplen 5. En algunos estados hay algunas vacantes disponibles para nivel preescolar pero en general no alcanzan para todos los chicos de 4 años que querrían asistir. En algunos estados puede anotarse en una lista de espera cuando su hijo cumple 3 años. Por lo general, para inscribir a su hijo debe presentarse en la escuela con cierta información. Puede encontrar los detalles acerca de los documentos necesarios para la inscripción en el Capítulo 4.

Estatus Inmigratorio

Los niños tienen el derecho de asistir a la escuela sin importar cuál sea su estatus inmigratorio o el de sus padres. Nadie le puede preguntar por el estatus inmigratorio del niño o de su familia. Incluso, si bien algunas escuelas le pedirán el número de Seguro Social, por lo general es sólo para fines administrativos y usted no está obligado a darlo. Sus hijos tienen derecho a recibir todos los servicios escolares como libros de textos, desayuno, almuerzo y transporte. Y si bien es cierto que generalmente hay que pagar un cierto arancel por estos servicios (como por ejemplo alquiler de textos, o costo mínimo de comidas y transporte) si lo aprueban, su hijo puede llegar a recibirlos en forma gratuita. También sobre este tema encontrará más detalles en el Capítulo 4.

Asignación Inicial de Grado (Initial Placement)

Normalmente, se usa el récord escolar previo de un estudiante para ubicarlo en un determinado grado. Si no tiene este récord, en general lo pondrán en un grado de acuerdo a su edad. La escuela se contactará entonces con la escuela anterior para obtener el récord del estudiante.

Si ese récord no existe o no se puede obtener porque está en otro país, evaluarán al niño según procedimientos que varían de distrito a distrito. De acuerdo a esta evaluación la escuela puede recomendar que su hijo reciba servicios especiales como por ejemplo, un programa de doble idioma (*dual language*), educación especial o un programa para niños dotados y talentosos (*gifted and talented*).

Programas Bilingües y de Inglés como Segunda Lengua

Cuando un niño ingresa en el sistema escolar, por lo general los padres deben llenar una encuesta acerca del idioma en que el niño habla en el hogar. Si sus respuestas reflejan que es probable que el niño no domine el inglés, le tomarán un examen. Aquellos estudiantes que se sacan una clasificación por debajo de cierto porcentaje deben tomar clases de educación bilingüe o *de Inglés como Segunda Lengua* (*English as a Second Language*, ESL por sus siglas en inglés). A estos chicos se les tomará un examen todos los años para que la escuela pueda darle seguimiento a su progreso.

De acuerdo a la ley *Que Ningún Niño se Quede Atrás* (*No Child Left Behind*, NCLB por sus siglas en inglés), ley que promulgó la administración Bush en el año 2002, las escuelas deben informar a los padres si sus hijos necesitan educación bilingüe o de ESL. Los padres tienen derecho a recibir una explicación sobre las diferentes opciones de programas y a tener una sesión de orientación sobre los requisitos de cada programa, los estándares estaduales (*state standards*) y formas de evaluación. Es muy importante que usted asista a estas sesiones tanto para entender los programas de los cuales participarán sus hijos como para seguir de cerca su progreso.

Hay varios modelos de educación bilingüe y, a veces, cuando el distrito escolar es lo suficientemente grande, usted puede escoger el que considere que va a beneficiar más a su hijo. En otras ocasiones hay sólo un programa disponible y es por lo general uno de los siguientes.

- *Programas transicionales.* El objetivo es que el niño haga la transición al inglés lo más rápido posible con una significativa parte de la instrucción dada en inglés.

- *Educación bilingüe de mantenimiento.* El objetivo es desarrollar un manejo académico en español mientras el niño aprende vocabulario en inglés. Cada año se aumenta la porción de instrucción en inglés.

- *Programas de doble idioma.* Estudiantes con limitado dominio del inglés (que hablan español) y estudiantes que hablan inglés como lengua materna (y no hablan español) trabajan juntos en las mismas clases con el objetivo de desarrollar el dominio de los dos idiomas.

- *Inglés como Segunda Lengua.* Los estudiantes aprenden a hablar, escribir y leer inglés por medio de una maestra entrenada para enseñar a estudiantes de un segundo idioma.

Consejo Cultural

Como adulto, tal vez le parece que no necesita hablar inglés porque alrededor suyo todo el mundo habla español. Y si bien es cierto que en muchas comunidades podría sobrevivir hablando solamente español, para poder progresar y tener éxito en el mercado norteamericano, necesita hablar, leer y escribir inglés correctamente. Averigüe acerca de cursos gratuitos de ESL para adultos en la biblioteca pública, universidades comunitarias, escuelas secundarias y organizaciones no gubernamentales locales. También hay cantidades de videos y de CDs que puede tomar prestados de la biblioteca. (Otra buena manera de aprender el idioma es mirando telenovelas en inglés.)

Educación Especial

Si su hijo necesita servicios especiales, la escuela está obligada a proveérselos. Dado que estos servicios cuestan mucho dinero, la escuela mantendrá un registro de las maneras en que trató de ayudar a un estudiante por medio de educación regular antes de considerar ofrecerle educación especial. En este sentido es lógico que la escuela intente mantener al niño en clases regulares hasta que se determine formalmente que necesita servicios especiales.

Si el personal escolar sospecha que un niño tiene una cierta discapacidad puede pedir que se le haga una evaluación para que reciba educación especial. Por lo

> Helen Santiago, ex Superintendente de New York City Public Schools y actual Directora Ejecutiva de la New York Education Initiative en el College Board, sugiere que durante el primer año en que su hijo ingresa a la escuela, usted no permita que lo evalúen para recibir educación especial. Si bien por lo general los evaluadores de un distrito evitan evaluar a niños recién llegados, en algunas escuelas se cree errónea-mente que a los chicos que no hablan inglés se los debe poner en educación especial.

general, no se puede eva-luar a los chicos para ver si deben recibir educación especial sin el consen-timiento de sus padres. Sin embargo, en algunos casos, el personal de la escuela puede documentar eventos y crear un expediente que luego puede ser usado en una audiencia especial donde se presenta la evi-dencia a un oficial imparcial. Llegado el caso, si es para beneficio del niño, estos oficiales pueden ordenar una evaluación.

Usted mismo puede solicitar una evaluación si cree que su hijo tiene algún tipo de discapacidad. Haga su pedido por escrito apenas se dé cuenta de que su hijo necesita ayuda extra. Si su niño está por entrar en una escuela nueva y ya ha recibido ayuda especial en la anterior, averigüe qué servicios ofrece ésta y qué debe hacer para asegurarse de que su hijo reciba los servicios que necesita desde el comienzo.

Algunos distritos ofrecen clases de educación especial bilingües para acomodarse a las necesidades de los estu-diantes inmigrantes.

Transporte

Dependiendo de cuán cerca viva de la escuela, a su hijo le ofrecerán transporte gratuito en el autobús amarillo, o tarifas de transporte público ya sea con descuento o gratuitas. Cuando lo inscriba averigüe a cuál de estas opciones tiene derecho. Si su hijo debe tomar el autobús, solicite el horario y pregunte dónde queda la parada en la cual lo recogerán y dejarán de regreso de la escuela. Por otro lado, también es muy importante que se familiarice con el conductor. Esta es la persona responsable de llevar y traer a su hijo de la escuela todos los días.

Libros

A diferencia de la mayoría de los países Sudamericanos las escuelas públicas de los Estados Unidos suministran todos los libros de textos que los niños necesitan para su trabajo escolar. De manera que usted no necesita preocuparse por comprarlos. Si bien en general hay una tarifa para *arrendar* estos libros de texto y para otras actividades—como por ejemplo el uso del laboratorio o eventos especiales—si a usted lo aprueban para recibir el almuerzo escolar gratis o a precio reducido, también tendrá derecho a recibir estos servicios en forma gratuita o a precio reducido. Hable con el director cuando inscriba a sus hijos.

La escuela tiene una biblioteca de la cual sus hijos podrán tomar libros prestados, pero de cualquier manera es siempre una buena idea obtener una tarjeta de la biblioteca pública local. Sus hijos tendrán que preparar reportes y otras tareas para las cuales deberán usar los recursos que ofrece la biblioteca pública. Además, muchas bibliotecas tienen computadoras que les facilitarán a sus niños el acceso a Internet para hacer su trabajo.

Desayuno y Almuerzo

La mayoría de las escuelas participa del National School Food Program (Programa Nacional de Alimentación Estudiantil), un programa federal que suministra fondos para desayuno y almuerzo a precio reducido o gratuito para los chicos que reciben aprobación. A comienzos del año la escuela le enviará un formulario para evaluar su elegibilidad de acuerdo a sus ingresos. Los niños de familias cuyos ingresos están por debajo del 130% del nivel de pobreza son elegibles para recibir comidas gratuitas. Aquellos que están entre el 130% y el 185% son elegibles para recibir comidas a precio reducido. Aquellos hogares con ingresos por sobre el 185% del nivel de pobreza deben pagar precio completo.

Si quiere ver a qué tiene derecho su familia, vaya a **www.fns.usd.gov** y haga clic en "National School Lunch Program," luego en "Income Eligibility Guidelines." En este sitio también encontrará la tabla que le da los diversos niveles de ingreso de acuerdo al tamaño de la familia. Por ejemplo, si en su familia hay cuatro personas, usted debe basar sus cálculos en un ingreso de $34.873. Si usted gana menos de $45.334,90 (130% de $34.873), sus hijos tendrán derecho a recibir comidas gratis. Si usted gana entre $45.334,90 y $64.515,05 (de 130% al 185% de $34.873), sus hijos tendrán derecho a recibir comidas a precio reducido.

Recuerde que para que lo aprueben no es necesario ser un inmigrante legal.

Código de Vestimenta

Por años muchas de las escuelas privadas y parroquiales han exigido uniforme. Hoy en día, este es el caso de cada vez más escuelas públicas. Han observado que el uso de uniforme tiene los siguientes beneficios:

- disminuye el nivel de violencia—incluso de situaciones de vida o muerte—y de robo entre estudiantes de ropa de diseñadores o zapatos deportivos caros;

- evita que los miembros de pandillas usen en la escuela colores e insignias de sus respectivos grupos;

- infunde disciplina en los estudiantes;

- ayuda tanto a padres como a estudiantes a resistir la presión de grupo;

- ayuda a los estudiantes a concentrarse en su trabajo escolar; y,

- ayuda a las autoridades escolares a identificar posibles intrusos.

Si bien algunas escuelas tienen normas obligatorias de uso de uniforme, otras tienen un enfoque voluntario. Las escuelas que tienen normas obligatorias por lo general tienen una alternativa *de optar por no participar,* lo que quiere decir que, con el consentimiento de los padres, los estudiantes pueden elegir no participar del requisito de usar uniforme.

En muchos casos, el uniforme escolar es más económico que la ropa que los estudiantes típicamente usan para ir a la escuela. De cualquier forma, para algunas familias, el costo de comprar uniformes puede ser una carga pesada. Esa es la razón por la cual muchas escuelas tienen programas para ayudar a los padres. Pueden suministrarle uniformes gratis, derivarlo a una organización comunitaria que pueda proveérselos, organizar colectas para comprar uniformes para aquellos padres que no puedan solventarlos, etcétera. Para averiguar qué opciones ofrece la escuela de su hijo, hable con el director.

Aun aquellas escuelas que no requieren uniforme pueden implementar un *código de vestimenta*. En general esto se hace para alentar un medio ambiente más seguro, por ejemplo prohibiendo el uso de ropa de ciertos colores o con ciertas palabras.

Cualquiera sean las normas respecto de uniformes y códigos de vestimenta de la escuela, la participación de los padres es fundamental para que los chicos cumplan con los requisitos. Debe asegurarse de que el uniforme se lave o limpie a seco durante el fin de semana para que esté listo para usar a la semana siguiente. Si su escuela no exige el uso de uniforme, aliente a su hijo a asistir limpio y prolijamente vestido.

Calendario Escolar

Cada escuela publica un calendario mensual de actividades. En él verá las fechas de los exámenes, días feriados, días donde los niños salen temprano, conferencias de padres y maestros y actividades especiales como festivales, colectas y ferias de libros.

Muchas veces el calendario aparece en la página Web de la escuela, pero casi siempre lo envían a casa con los estudiantes. Revíselo y luego péguelo en el refrigerador para mantenerse al día con los horarios de sus hijos.

Capítulo 4

Ataquemos un Tema por Vez

Si llegó hace poco a los Estados Unidos o si este es su primer encuentro con el sistema educativo norteamericano, es muy probable que se sienta perdido. Si usted y su hijo no hablan inglés, la sensación de estar perdido puede llegar a ser agobiante. Es posible que no sepa con quién hablar o a dónde ir.

Un paso muy importante para entender cómo funciona todo el sistema es entender cómo funciona la estructura escolar. Aunque cada estado tiene sus propias leyes, la mayoría exige que los niños comiencen la escuela cuando tienen entre 6 y 7 años. Sin embargo, las diferentes escuelas agrupan a los niños de diversas maneras.

Escuela Elemental o Primaria (Elementary School)

Para algunos distritos escolares la escuela primaria cubre de Kindergarten (Jardín de infantes) a quinto grado (K-5); para otros de Kindergarten a sexto (K-6), y para otros de Kindergarten a octavo (K-8). Los niños comienzan el Kindergarten cuando tienen 5 años. Como dije antes, hay algunas vacantes disponibles para nivel Preescolar pero no son suficientes para todos los niños de 4 años que quisieran inscribirse. (Hable con su escuela para más detalles.)

Escuela Intermedia (Middle School)

La escuela intermedia por lo general va de sexto grado a octavo. Los niños tienen normalmente entre 11 y 13 años. Esta es una edad difícil para sus hijos ya que es la época en que entran de lleno en la pubertad. Tal vez vea que sus hijos empiezan a alejarse de usted y por eso es aún más importante que se mantenga en contacto con la escuela y con los maestros de sus hijos. De esta manera estará al tanto de lo que ocurre en su vida y en su educación.

A algunas escuelas intermedias las llaman *junior high school* y van de séptimo a noveno grado (7-9).

Escuela Secundaria (High School)

En general se considera escuela secundaria a los grados noveno a duodécimo (9-12) donde los niños tienen entre 14 y 16 años. El noveno grado se llama también *freshman*; el décimo grado se llama *sophomore*; el undécimo grado se llama *junior* y el duodécimo grado se llama *senior*. Como veremos un poco más adelante en este libro, es posible que usted crea que sus hijos ya están grandes y que no necesitan tanto de su participación. Esto puede llegar a ser un grave error. Los adolescentes son sumamente vulnerables, o sea que esta es una época clave para que usted permanezca involucrado en su educación.

Oficina del Distrito Escolar

En cada vecindario las escuelas están agrupadas bajo un distrito escolar. Por lo general hay una oficina del distrito donde encontrará la administración que supervisa varias escuelas desde la primaria hasta la secundaria. En las grandes ciudades un distrito puede abarcar de diez a cien escuelas o más. En áreas suburbanas o rurales más pequeñas, un distrito escolar puede llegar a tener solamente una escuela que cubra de Kindergarten a duodécimo grado (K-12).

En la oficina del distrito encontrará al superintendente de escuelas (la persona encargada de todo el sistema escolar), y a los directores de las diferentes materias como matemática, lengua, ciencia, estudios sociales y ESL. Algunos sistemas escolares son centralizados, lo que significa que todas las decisiones se toman a nivel de distrito. Otros son descentralizados, lo que significa que las decisiones se toman a nivel de la escuela.

La Escuela

En cada escuela encontrará un director (*principal*) y de acuerdo al tamaño de la misma encontrará uno o más subdirectores (*assistant principal o vice principal*). Es posible que también encuentre coordinadores para los diversos programas. Por ejemplo, el coordinador de ciencias, el coordinador de ESL, o el coordinador de padres. Además, en general las escuelas tienen un psicólogo, un asistente social, un enfermero, y un bibliotecario.

Veamos los Diferentes Tipos de Escuelas

En los Estados Unidos, los niños asisten a la escuela pública que queda más cerca de su casa. Por lo tanto es fundamental que explore cómo son las escuelas de la zona antes de establecerse. Cada estado, ciudad e incluso vecindario ofrece niveles de educación muy diferentes. Es importante hacer preguntas para averiguar cómo son las escuelas de su zona, porque es posible que con solo mudarse a unos minutos de distancia pueda ofrecerles una mejor educación a sus hijos.

Como irá viendo en este libro, una de las claves para ayudar a sus hijos a tener éxito en la escuela es hacer preguntas. Y mientras que tal vez en su país usted hubiera inscripto a sus hijos en la escuela más cercana a su casa (o quizá en la única escuela cercana), aquí primero debe investigar cuáles son sus opciones. Cada escuela ofrecerá oportunidades muy diferentes para el futuro de sus hijos.

Escuelas Públicas

Las escuelas públicas están subvencionadas con fondos estaduales (*state*), locales y federales y son gratuitas. Cada estado y distrito escolar difiere en las tasas de impuestos que aprueban y en las decisiones presupuestarias que toman. Esa es la razón por la cual cada distrito escolar tiene una cantidad de dinero para gastar diferente y en consecuencia, tienen diferente cantidad de alumnos por clase, diferentes edificios y calidad de maestros.

Escuelas Públicas Urbanas y Suburbanas

Las escuelas ubicadas en áreas urbanas tienen en general una población estudiantil más diversa. Los estudiantes tienen variados orígenes lingüísticos, culturales y socio-económicos. Y si bien en estas escuelas las clases tienden a ser más grandes y los fondos más limitados, suele ser más fácil encontrar clases bilingües y de ESL. A la vez, algunos distritos escolares urbanos son lo suficientemente grandes como para ofrecer orientaciones especiales tales como arte, teatro o ciencia, por ejemplo.

Por otro lado, las escuelas públicas suburbanas están en general mejor subvencionadas y tienden a tener un mayor porcentaje de estudiantes que van a la universidad. Muchas de ellas ofrecen una gran variedad de programas como deportes (fútbol, natación, béisbol, etc.). Nuevamente repito que esto varía de un barrio a otro y que por ello debe investigar antes de instalarse en un área determinada.

Escuelas Privadas

Las escuelas privadas funcionan con fondos que provienen de matriculación, de donaciones o de organizaciones. El costo varía según cada escuela.

Hay muchos tipos de escuelas privadas, desde escuelas religiosas hasta escuelas que se especializan en un área específica como ciencia o arte. También hay escuelas que enfatizan el aprendizaje creativo y otras que enfatizan el aprendizaje dirigido por el estudiante.

Sin embargo, lo que debe recordar es que la calidad de estas escuelas también varía ampliamente, de manera que debe hacer una serie de preguntas antes de tomar la decisión de inscribir a su hijo en una escuela privada.

Escuelas Católicas

Muchos padres latinos deciden enviar a sus hijos a escuelas católicas no solo porque tienen una buena reputación y en general son más económicas que otras escuelas privadas, sino también porque promueven valores que son relevantes para la cultura latina. Tal como debe hacer con otras escuelas, le recomiendo que lleve a cabo una buena investigación antes de inscribir a sus hijos porque no todas las escuelas católicas son iguales. Si quiere mandar a sus hijos a una escuela católica y no puede afrontar el costo, puede contactarse con la archidiócesis de su zona. Es posible que tengan una Fundación para la Educación Católica (*Catholic Education Foundation*) que pueda ofrecerle ayuda financiera.

Si se suscribe por una módica suma, también puede hacer búsquedas en el Directorio de Escuelas Estadounidenses (*American School Directory*) en **www.asd.com**. (Probablemente sólo necesite suscribirse por un mes para hacer la investigación.) Este sitio le permite recoger información relevante de 105.000 escuelas públicas, privadas y católicas desde Kindergarten hasta duodécimo grado.

Escuelas Chárter (Charter Schools)

Las *escuelas chárter* son escuelas públicas no sectarias que funcionan sin muchas de las regulaciones que se aplican a las escuelas públicas tradicionales. El estatuto por el cual se rige cada una de estas escuelas es un contrato de desempeño en el que se detalla la misión de la escuela, su programa, objetivos, cuáles son los estudiantes a los que servirá, los métodos de evaluación y formas en que se medirá el éxito. Por lo general estos chárter se otorgan por un período de 3 a 5 años. Al final de este término, la entidad que otorga el chárter puede renovarle el contrato a la escuela. Las escuelas chárter son responsables frente a su patrocinador—normalmente una junta escolar estadual o local—de lograr resultados académicos positivos y de cumplir con el contrato establecido en los estatutos. La idea básica de estas escuelas es que a cambio de esta responsabilidad tienen una mayor autonomía.

La mayoría de las escuelas chárter intentan:

- aumentar las oportunidades de aprendizaje y acceso a educación cualitativa para todos los estudiantes;

- crear opciones para padres y estudiantes en el sistema escolar público;

- incentivar prácticas innovadoras de enseñanza; y,

- estimular la participación comunitaria y de los padres en la educación pública.

Cualquiera puede ir a una escuela chárter. Sin embargo, en algunos estados, estas escuelas sirven a un mayor número de minorías o de estudiantes de menores ingresos que las escuelas públicas tradicionales.

Las escuelas chárter no cobran matrícula y reciben fondos del gobierno de acuerdo al número de inscriptos. Hasta 2004, cuarenta estados habían promulgado leyes para establecer escuelas chárter. En el año escolar

2004/05 había en funcionamiento más de 3.000 escuelas chárter en todo el país.

El Centro de Reforma Educativa (*Center for Education Reform*) en **www.edreform.com** publica el Directorio Nacional de Escuelas Chárter (*National Charter School Directory*), que ofrece información y perfiles de todas las escuelas chárter que funcionan en el país. También provee información sobre escuelas que tienen un foco particular como aquellas que se concentran en las artes, en la cultura latina o escuelas Montessori. Para encontrar una escuela chárter en su zona, visite el sitio de U.S. Charter Schools en **www.uscharterschools.org**.

Identifique la Escuela de su Hijo

Lo primero que debe hacer cuando está buscando una escuela para su hijo, es averiguar en dónde está ubicada la escuela pública a la que le tocaría ir. Para identificar la escuela más cercana a su casa, converse con sus vecinos, con la bibliotecaria en la biblioteca pública local o con comerciantes locales. Procure averiguar la dirección del distrito escolar y visítelo para obtener información acerca de a cuál escuela debe asistir su hijo, cuáles son los procedimientos de inscripción y qué programas se ofrecen en la misma.

Si es época de clases, visite la escuela que le asignaron a su hijo y verifique que se sentirá cómodo. Averigüe si la escuela tiene los programas que su hijo necesita ya sea arte, ciencia, educación especial o cualquier otro. Hágase una idea del ambiente escolar. ¿Se adaptará bien su hijo? ¿Se sentirá parte de la comunidad educativa?

También averigüe en la oficina del distrito los resultados de los exámenes de matemática, lectura y ciencias de cada una de las diferentes escuelas; qué porcentaje de estudiantes de la escuela secundaria se gradúa y qué porcentaje de estudiantes de ese distrito va a la universidad.

Si bien es cierto que lo más probable es que tenga que mandar a su hijo a la escuela más cercana a su casa o a la que el distrito le asigne, es fundamental investigar un poco. En muchas ocasiones hay escuelas primarias, intermedias y secundarias llamadas *magnet* a las cuales puede ir cualquier niño del distrito. Estas escuelas *magnet* están diseñadas alrededor de un tema. Por ejemplo, las hay con un foco multicultural, de ciencia y tecnología, de leyes y gobierno, etcétera. Puede visitar el sitio Escuelas Magnet Estadounidenses (*Magnet Schools of America*) en **www.manget.edu/objectives.htm**.

Si le parece que la escuela que le asignó el distrito a su hijo no es adecuada, puede pedir otra en la cual haya programas que se ajusten más a sus necesidades. Si no le gusta ninguna de las escuelas de un distrito escolar, tal vez tenga que mudarse a una zona que tenga mejores escuelas.

Recuerde que si la escuela de su hijo es identificada por el ley NCLB dentro de las que necesitan mejorar, su hijo puede ser elegible para pedir una transferencia a otra escuela del distrito. (Sin embargo, dado el gran estrés que soportan las buenas escuelas de un distrito al recibir tantas transferencias, algunos distritos escolares están comenzando a limitar el número de transferencias que admiten por año.)

De cualquier manera la ley NCLB hace fuerte énfasis en las opciones. Para más información respecto de los derechos de su hijo bajo esta ley, puede visitar el sitio **www.ed.gov/nclb** y hacer clic en "Recursos en español." Luego haga clic en la materia o tema que más le interesa a su hijo y ahí podrá buscar escuelas en su zona.

Consejo Cultural

A veces a los latinos nos resulta difícil hacernos escuchar y pedir más de lo que se nos ofrece. Por eso, cuando un distrito escolar le asigna lugares para sus hijos en una determinada escuela, es posible que usted se sienta agradecido y se marche sin más preguntas. Tenga presente que cuanta más investigación haga, mejores serán las chances de que entren en una buena escuela con buenos programas.

La mayoría de los distritos escolares tienen sitios Web. Visítelos y compare las escuelas dentro de un mismo distrito. Luego visite los sitios de cada escuela en particular para enterarse de las actividades y programas especiales que ofrece. Para obtener muy buena información sobre escuelas en los diversos estados, puede visitar el sitio de Internet **www.greatschools.net**. Allí puede ver resultados de exámenes, número de estudiantes por maestro, comentarios de los padres, constitución étnica de la escuela y mucho más. Incluso verá una comparación entre las diferentes escuelas de un mismo distrito.

Identifique Quién Será su Contacto

Una vez que elija la escuela de sus hijos es fundamental que identifique quién será su contacto. Tiene que ser alguien a quien pueda llamar en cualquier momento en que necesite recibir o suministrar información a la escuela. Si usted no habla inglés, obviamente deberá encontrar alguien que hable español. Puede ser un consejero, un psicólogo escolar, un maestro, el coordinador de ESL, un administrador, el director o el subdirector. Asegúrese de conseguir el nombre de la persona y los números de teléfono tanto de la escuela como particular. A su vez, no se olvide de darles su propia información.

Hablemos de la Inscripción

Después de encontrar la escuela adecuada para sus hijos deberá pasar por el proceso de inscripción. No es difícil pero sí es necesario para que la escuela pueda organizar la papelería correspondiente a sus hijos. Para anotarlos debe llevar lo siguiente:

- una identificación que tenga foto, como una licencia de conducir o un pasaporte (no necesita tener visa);

- certificado de nacimiento;

- un número de Seguro Social (si bien algunas escuelas lo piden, no les pueden negar a sus hijos la inscripción porque ellos o usted no tengan un número);

- prueba de residencia, lo que significa una prueba de dónde vive (no tiene nada que ver con una prueba de su estatus inmigratorio). Puede ser una carta del dueño de su departamento o una boleta de teléfono, electricidad, etcétera;

- los boletines escolares (report cards) de su país (si es la primera vez que el niño entra en el sistema escolar norteamericano) traducidos, para no correr el riesgo de que coloquen a su hijo en un grado más bajo porque no habla inglés; y,

- certificados de vacunación, también traducidos. Si no los tiene y no los puede conseguir, deberá revacunar al niño. En general puede hacerlo en un centro de salud comunitario. Pregunte en la escuela qué vacunas necesita. Las comunes incluyen:

- difteria;

- pertusis (tos ferina—para niños hasta los 6 años);

- tétanos;

- polio;

- sarampión;

- rubéola;

- paperas;

- varicela; y

- hepatitis B.

Por otro lado, las escuelas en general exigen un examen físico y dental para los niños que entran al sistema por primera vez y a veces en ciertos momentos específicos (como antes de entrar a 5to y 9no grados).

Sin embargo tener los papeles en regla es solamente la mitad de la batalla. También debe cumplir con el calendario estricto que las escuelas siguen para la inscripción y en todo momento.

Consejo Cultural

En general los latinos tenemos un concepto del tiempo diferente que los anglosajones. No es ni mejor ni peor, simplemente no funciona tan bien en este país como en Latinoamérica. Por eso, tenga presente que aquí cuando alguien le da una fecha límite, se la da en serio. No hay extensiones ni excepciones y puede llegar a perder el lugar para su hijo si no llena la información o presenta los papeles a tiempo. Esto mismo se aplica a las fechas de los exámenes, citas para ver al maestro o al director, fecha de vacaciones y días escolares. Los niños pueden perder el año escolar si faltan más de una determinada cantidad de días. Cuando los inscriba, averigüe cuál es el máximo número de faltas que pueden tener.

Actividades Extracurriculares

La mayor parte de las escuelas ofrece una serie de actividades extracurriculares. Pregunte cuando inscriba a sus hijos sobre actividades como clubes de idiomas extranjeros o de arte, competencias de ciencia u otras actividades en las que ellos pueden participar. Averigüe también si tienen algún costo.

Estas actividades ayudarán a que sus hijos desarrollen buena autoestima mientras socializan con otros chicos, aprenden responsabilidad y adquieren una cantidad de otros valores importantes. Involucrarse con otros niños es una parte fundamental del proceso de asimilación.

De esta manera sus hijos estarán en contacto cercano
con la cultura y los valores norteamericanos y los
absorberán de manera espontánea.

Capítulo 5

Educando en Base a los Estándares

Por todo el país los diversos distritos escolares están educando en base a los estándares en concordancia con la ley NCLB. Se trata de la implementación de un proceso para planear, supervisar y mejorar programas educativos. En la educación basada en los estándares, los estudiantes aprenden lo que es importante en lugar de dejar librado a los libros de texto lo que deben aprender. Tiene por objetivo una comprensión profunda del estudiante que va más allá de la instrucción tradicional con textos.

Provee expectativas claras para todos los estudiantes. Los maestros saben qué se supone que deben enseñar y los estudiantes saben qué se supone que deben aprender. Bajo este sistema también los padres saben cuáles son las expectativas de todas las personas involucradas.

El Currículum Escolar

La NCLB exige que cada estado desarrolle estándares sólidos que especifiquen lo que cada niño debe aprender entre tercer y octavo grado. En el sitio **www.yosipuedo.gov/wwa/index.html** puede hallar importante información sobre esta ley en español, así como también sobre la iniciativa de la Casa Blanca para la Excelencia Educativa de los Hispano-Americanos (*White House Initiative on Educational Excellence for Hispanic Americans*).

Desafortunadamente, en un libro como este no se pueden incluir los detalles de lo que sus hijos deben aprender en cada grado porque cada sistema escolar del país tiene un currículum diferente. Sin embargo, puede visitar el sitio Web de su escuela o de su distrito para encontrar el currículum de una escuela en particular. La mayoría tiene una página Web donde puede ver lo que se supone que los estudiantes deben saber al finalizar cada grado.

Si la escuela o distrito de su hijo no ofrece esta información, puede visitar el sitio de Mid Continent Research for Education and Learning en **www.mcrel.org/standards-benchmarks/docs/factsheet.asp**. Haga clic en "Content Knowledge: A Compendium of Standards and Benchmarks for K-12 Education," y luego en "searchable database online." Puede hacer búsquedas por materia y luego por grado. También puede encontrar videos en español sobre los estándares en **www.nationaldialogue.org/resources/resource.htm**.

A la vez puede visitar los sitios Web de otras escuelas. Tener conocimiento sobre lo que sus hijos deben aprender le permitirá seguir su progreso y lo alertará si la escuela no está enseñando de acuerdo a lo esperado. Estos son algunos sitios que puede visitar para obtener orientación.

- www.sarasota.k12.fl.us/StudentSkills (Sarasota, Florida)

- www.nycenet.edu/Offices/TeachLearn (New York City, New York)

Le puede resultar interesante visitar el sitio de Core Knowledge. La sección de recursos en español se encuentra en **www.coreknowledge.org/CK/resrcs/ Spanish**. Esta organización considera que debería haber un solo currículum uniforme para todo el país. Ofrecen en Internet una versión en español de sus libros acerca de lo que deben saber los niños en cada grado desde Kindergarten a tercero.

También visite Family Education Network en **www.familyeducation.com**. Son parte de la compañía Pearson Education, una editorial educativa importante. Una vez que sepa lo que sus hijos están supuestos a aprender en cada grado, puede verificar que efectivamente lo estén aprendiendo. Si se da cuenta de que ese no es el caso, puede hablar de ello con los maestros.

Consejo Cultural

Es posible que usted crea que dado que sus hijos pasaron de grado, han aprendido lo que se suponía que debían aprender. Sin embargo, en los Estados Unidos, muchas escuelas permiten que un niño pase de grado aún si no ha aprendido lo que debía. Esto se llama "social promotion" y la justificación de esta práctica es que el hecho de que un estudiante repita el grado afecta su actitud, su comportamiento y su asistencia. Esta es la razón por la cual es tan importante que se mantenga alerta al progreso de sus hijos y que no asuma que si pasó de grado, está todo bien.

Exámenes Estandarizados

Los exámenes estandarizados se diseñan para dar una medida común del rendimiento de los estudiantes. Dado que un gran número de estudiantes en todo el país rinden el mismo examen, éstos les dan a los educadores una medición estandarizada. Los educadores usan estos exámenes estandarizados para determinar el nivel de éxito que tienen los programas de una escuela o para darse una idea de las destrezas y habilidades de sus estudiantes.

Algunos exámenes populares incluyen el *California Achievement Test* (CAT), el *Stanford Achievement Test* (SAT), el *Iowa Test of Basic Skills* (ITBS) y el *Stanford-Binet Intelligence Scale*.

Grados en los que se Rinden Exámenes

Hay un examen federal que se llama Evaluación Nacional de Progreso Educativo (*National Assessment of Education Progress*, NAEP por sus siglas en inglés) que sigue a nivel nacional el progreso de los estudiantes de cuarto, octavo y décimo grado para ver cómo les está yendo en matemática y lectura en los diversos estados. Este examen se le toma al azar a una muestra de estudiantes en cada distrito escolar.

De acuerdo a la ley NCLB, se les debe tomar examen a los niños de tercero a octavo grado. Sin embargo, cada ciudad y cada estado decide cuál de los exámenes estandarizados tomar y cuándo tomarlo.

Es posible que si sus hijos están estudiando inglés como segunda lengua, los exceptúen de rendir el examen. Hable con la maestra y el director sobre el tema.

Ayude a sus Hijos a Tener Éxito en los Exámenes Estandarizados

Hay varias cosas que usted puede hacer para ayudar a sus hijos a tener éxito en un examen estandarizado. Puede involucrarse en el proceso y averiguar todo lo que pueda sobre el examen; puede ayudar a que sus hijos practiquen consiguiéndoles exámenes de práctica; puede averiguar si a sus hijos les corresponde tiempo adicional para dar el examen; puede incorporar conductas propias de la situación de examen en su vida cotidiana y puede practicar ciertas habilidades.

Sepa lo Más Posible Sobre el Examen

La mayoría de los exámenes se centran en las diferentes materias del currículum. En los grados más bajos estas materias son: matemáticas, artes del lenguaje y lectura. En los grados más altos estas materias son: ciencia, matemáticas, artes del lenguaje, lectura y en ocasiones estudios sociales o historia estadounidense o del estado donde viven los estudiantes. Para averiguar el contenido del examen contacte a los maestros de sus hijos, a la oficina del distrito o al departamento de educación de su estado.

Pida Exámenes de Práctica

Hay muchos libros que ofrecen exámenes de práctica. Los puede hallar en las bibliotecas y librerías. En general son exámenes pasados de manera que son muestras reales del examen. Por otro lado, la escuela le puede suministrar otros ejercicios para preparar a sus hijos.

Averigüe si sus Hijos Tienen Derecho a Rendir el Examen en Condiciones Especiales

Si se determinó que sus hijos necesitan servicios especiales o que tienen dificultades de aprendizaje, es posible que estén exentos de dar el examen o que puedan darlo en condiciones especiales como por ejemplo en un cuarto diferente o tomarse más tiempo. Pregúntele al director o al psicólogo escolar.

Incorpore Conductas Propias de la Situación de Examen a la Tarea Escolar Cotidiana

La mayor parte de los exámenes son cronometrados, alientan a los niños a saltear puntos que no saben para volver a ellos más tarde y confían en que los estudiantes sepan seguir instrucciones. Para practicar estas conductas, anime a sus hijos a que salteen puntos en su tarea que no pueden resolver y que vuelvan a ellos después. También tome el tiempo que tardan en hacer ciertas actividades escolares. Por último, pídales a sus hijos que lean las instrucciones de su tarea y que luego se las expliquen, para asegurarse de que entienden dichas instrucciones.

También puede practicar estas conductas en actividades cotidianas. Por ejemplo, pídales a sus hijos que lean las instrucciones para preparar una receta o para armar un juguete o alguna herramienta de uso casero y que luego se las expliquen a usted en sus propias palabras. De acuerdo a la edad de sus hijos, también puede tomarles el tiempo en ciertas actividades como limpiar sus habitaciones, preparar el desayuno o hacer algún mandado.

Practique Destrezas en Casa

Además de practicar el examen usando viejas copias del mismo sería bueno que ayude a sus hijos a desarrollar ciertas habilidades específicas. Como los exámenes se organizan según las diversas áreas del currículum, aquí le damos algunas ideas que puede implementar para preparar a su hijo en cada una de ellas.

- ■ *Lectura*—La mayoría de los exámenes evalúan las habilidades de comprensión. Intente establecer la capacidad que tiene su hijo de comprender lo que lee y de hacer inferencias. Al mismo tiempo, evalúe su capacidad de predecir hacia dónde va la historia y de extraer información de la historia que leyó.

  Para desarrollar estas destrezas debe comprometer a su hijo con la lectura. Pídale que le explique el argumento, que le hable de los personajes y de la situación. Incluso puede practicar esto mismo mientras mira televisión o una película. La idea es que sus hijos saquen información de la historia. Si leen juntos un libro pregúntele qué ocurrió y por qué cree que las cosas ocurrieron de esa manera.

- ■ *Escritura*—Por lo general, los exámenes estandarizados tienen una sección donde les dan a los estudiantes una cláusula de escritura, o sea una idea sobre la cual escribir. El punto es ver si sus hijos tienen la capacidad de desarrollar una idea y presentarla en forma lógica por escrito.

  Puede ayudarlos a practicar esta destreza dándoles proyectos como "Escribe una carta a la administración de la ciudad sugiriendo que instalen un nuevo semáforo en una intersección peligrosa" o

"Escribe las instrucciones para grabar programas de la Televisión."

- *Artes del lenguaje*—Los exámenes en esta área del currículum se centran en el manejo del lenguaje. Por ende, es importante ayudar a sus hijos a mejorar el vocabulario. Pídales que busquen en el diccionario palabras difíciles de uso cotidiano. Pídales que encuentren *sinónimos* (palabras diferentes que significan lo mismo) y *antónimos* (palabra que significan lo opuesto). Haga que sus hijos alfabeticen diversas cosas en su casa como por ejemplo libros, discos compactos y películas.

- *Matemáticas*—El examen de matemáticas evaluará destrezas específicas del grado en el que esté su hijo. Deberá adaptar las actividades a lo que se supone que esté aprendiendo en ese grado. Tomando esto en consideración, puede animar a sus hijos a que aprendan a contar. Puede ayudarlos a crear gráficos basados en las actividades familiares y practicar leer gráficos con ellos. Por ejemplo, pídales que desarrollen un gráfico que refleje las responsabilidades de cada miembro de la familia y a quien debe reportar. Enséñeles la hora y practíquela con ellos. Pídales que calculen el paso del tiempo o que diseñen su día hora por hora. Hablen de dinero, de dar cambio y de cuánto cuestan las cosas.

Cualquiera sea la materia de la que se trate, es una buena idea que le pida al maestro otras actividades para hacer en casa.

Ayude a su Hijo a Estar Preparado para el Examen

En los días anteriores al examen, trate de que su hijo se envuelva en actividades relajantes que reduzcan su ansiedad. Dado que algunos de estos exámenes pueden durar varios días, es importante que durante este período haga un espacio para la diversión y para actividades físicas.

Es bueno que la noche anterior al examen sus hijos duerman bien. Una noche de descanso es tan crucial para el buen rendimiento como lo es que coman un desayuno nutritivo. Esta es una comida fundamental para aumentar el nivel de alerta mental de sus hijos. Los estudios demuestran que comer los alimentos adecuados por la mañana puede aumentar las conexiones neurológicas y por lo tanto mejorar la actividad mental como el uso de la memoria y otras funciones. La mejor manera de lograrlo es comer alimentos que suministren energía como granos integrales y frutas. La mañana es también un buen momento para darles a sus hijos proteínas como huevos, leche y yogurt. Puede ofrecerles jugos naturales de naranja, manzana, tomate o zanahoria pero procure evitar darles jugos azucarados o colas. También debe evitar cualquier producto que contenga azúcar o hidratos de carbono blancos (como pan blanco y cereales azucarados) dado que estos alimentos les darán un pico de energía que caerá enseguida haciéndolos sentir cansados y hambrientos.

Para el día del examen debe mandarles unos snacks nutritivos para entre horas. Pueden ser nueces como almendras o cacahuates (peanuts), pasas de uva, un sándwich de queso o de manteca de cacahuate (peanut butter) hecho con pan integral, o una fruta.

Averigüe el Significado del Examen

Algo que debe saber sobre estos exámenes es qué uso se les dará a las calificaciones. Puede que no tengan ningún impacto en sus hijos y que sólo se usen para ver las notas globales de la escuela, o puede que se usen para evaluar directamente a sus hijos. Haga las siguientes preguntas a la escuela:

> *Susan Landon, madre de una niña de 9 años que está en cuarto grado, dice que aún no se preocupa tanto por las notas, pero que se asegura de que su hija estudie antes de un examen y que espera que le vaya bien. "Anteayer se olvidó de traer a casa su libro de la escuela así que ayer estudiamos hasta las 10:30 de la noche y esta mañana la desperté a las 6:30 para que pudiera seguir estudiando."*

- ¿Qué pasará si a sus hijos les va excepcionalmente bien en los exámenes?

- ¿Los pondrán en un programa para niños talentosos?

- ¿Qué ocurrirá si no sacan una nota lo suficientemente alta?

- ¿Les harán repetir el grado o les darán clases individuales especiales?

Procure averiguar esta información antes del examen para ayudar a sus hijos a que se preparen mejor.

Consejo Cultural

Tal vez en su país natal usted no se preocupa demasiado cuando los niños de escuela primaria o intermedia dan un examen. Quizá piensa: "es solo un examen." Sin embargo en los Estados Unidos la tarea escolar y los exámenes se toman en serio. Aquellos padres que quieren que sus hijos tengan éxito en la escuela tratan de participar lo más posible desde temprano. La habilidad de rendir exámenes y el buen rendimiento escolar son consideradas destrezas que duran toda la vida. No solo serán útiles durante la escuela secundaria y luego en la universidad, sino que la competencia para entrar en las mejores universidades comienza con las calificaciones de la escuela intermedia o antes, dependiendo del distrito escolar.

Otros Métodos de Calificar a sus Hijos: Participación en Clase y Evaluación de Carpeta (Portfolio Assessment)

Tenga presente que sus hijos no serán evaluados solamente a través de exámenes. Su participación en clase es fundamental para su calificación general. Es importante que usted les pregunte con frecuencia tanto a sus hijos como a sus maestros, si participan en clase. Si no lo hacen, debe conversar con ellos sobre la razón. ¿Qué hace que no levanten la mano? ¿Son demasiado tímidos? ¿Tienen temor a equivocarse? ¿No saben las respuestas? Una vez que se entere cuál es la razón por la que no participan de manera activa en clase, debe hablarlo con el maestro para encontrar soluciones adecuadas.

Por otro lado, hace unos años ha aparecido un nuevo método para evaluar estudiantes. Se llama evaluación de carpeta o *portfolio assessment* y se usa en general en las áreas de lectura, escritura e idiomas extranjeros. A grandes rasgos, una carpeta de alfabetización (*literacy portfolio*) por ejemplo, es una recopilación sistemática de observaciones del maestro y de trabajos del estudiante que se juntan durante un período de tiempo y que reflejan el nivel de desarrollo del niño y su progreso en alfabetización. Por ejemplo, los diarios de libros (*book journals*) que los estudiantes mantienen durante el año pueden reflejar hasta qué punto están desarrollando actitudes y hábitos de lectura positivos. En general, el desarrollo de actitudes y hábitos positivos junto con el aumento de la capacidad de construir un sentido a partir de lo que se lee, son considerados como los objetivos principales de los programas de lectura.

La carpeta puede consistir en una variedad de materiales que incluyen las notas del maestro, autorreflexiones de los estudiantes, diarios de lectura, muestras de las páginas de diarios personales, resúmenes escritos, audio casetes de lecturas orales o de recuentos de lecturas y audio visuales de proyectos de grupo.

Un elemento importante de la evaluación de carpetas—y uno que la diferencia de otras formas de calificación más tradicionales—es que involucra activamente al estudiante en el proceso de evaluación.

La carpeta sirve para darle al maestro una cantidad de información sobre la cual basar sus decisiones acerca de la enseñanza y para evaluar el progreso de los estudiantes. Asimismo es una buena manera de comunicarles este progreso a los padres.

Capítulo 6

La Tarea

La tarea es el trabajo escolar que se espera que los estudiantes hagan en casa. Hay muchas razones válidas por las que los maestros dan tarea a sus estudiantes. Aquellos que están a favor de dar tarea creen que tiene los siguientes beneficios:

- repasar y practicar conceptos y habilidades aprendidos en clase;

- preparar lecciones complejas y difíciles;

- desarrollar mejores hábitos de estudio y destrezas para educación superior;

- ofrecer tiempo adicional para la exploración de un tema;

- aumentar y suplementar el aprendizaje;

- incentivar el aprendizaje independiente; y,

- desarrollar la capacidad de manejar el tiempo.

La cantidad de tarea que reciben los niños por día varía enormemente de acuerdo al grado, la escuela, el distrito escolar y el estado. Algunos niños llegan a casa con varias horas de trabajo que deben cumplir para el día siguiente mientras que a otros les dan poco o nada para hacer en casa. En realidad depende de la escuela y del maestro.

En años recientes, por ejemplo, la Junta Educativa de Piscataway en New Jersey, votó a favor de 90 minutos de tarea como un tiempo razonable para los estudiantes de escuela intermedia y hasta un máximo de dos horas para los estudiantes de escuela secundaria.

Aida Fastag-Carvajal, una coordinadora bilingüe jubilada, explica que la tarea está supuesta a ser un repaso de lo que el niño aprendió. Dice que los padres no deben ayudar a los hijos con el trabajo escolar pero que deben asegurarse de que los niños lo hagan. "Si los padres tienen que ayudar constantemente a sus hijos con la tarea, o si siempre tienen que explicársela, esto indica que hay un serio problema. Esa es una señal de que los padres deben ir a la escuela y hablar con el maestro. Es posible que el maestro no haya hecho un buen trabajo de enseñanza. Sin embargo esta no debe ser la primera conclusión a la que uno debe llegar. Hay muchas otras razones por las cuales un niño puede no entender la tarea. Lo mejor es establecer una comunicación abierta con el maestro para explorar los motivos del problema." En caso de que el maestro no sea receptivo a sus preocupaciones, debe acercarse al director.

Otros distritos escolares del país siguieron a Piscataway y establecieron normas para limitar la tarea escolar. Y si bien los lineamientos varían, la mayoría son similares a aquellos apoyados por la Asociación Nacional de Padres y Maestros (*National Parent Teacher Association*, *PTA*, **www.pta.org**) y por la Asociación Nacional de Educación (*National Education Association*, NEA, **www.nea.org**) que especifican diez minutos por grado por día. (En quinto grado por ejemplo, serían 50 minutos por día.)

En los últimos años la cantidad de tarea ha ido

aumentando por varias razones. La mayoría de los estados ha puesto estándares académicos más altos y esto ha forzado a los maestros a enseñar más material durante el año escolar, el cual no se alcanza a cubrir durante el horario escolar. Por otro lado, la tendencia a comparar a los estudiantes norteamericanos con los de otros países ha contribuido al consenso de que los estudiantes norteamericanos no estudian tanto como otros estudiantes y que su rendimiento continuará cayendo si no se hace algo al respecto.

En cuanto al trabajo escolar de sus hijos, usted debe averiguar cuánto tienen, cuánto tiempo les tomará hacerlo, cuándo deben entregarlo, de qué manera la calificación de esa tarea en particular afectará la calificación general del niño y por último, debe supervisar que su hijo lo haga. No se

> *Marjorie Venegas, una maestra de ESL, explica que los maestros esperan que los padres estén más involucrados con la tarea de sus hijos hasta tercer o cuarto grado. Después de eso los niños deberían ser responsables por su propio trabajo. Se espera que los padres lleven a cabo tareas de lectura con sus hijos y que participen en los proyectos de arte y en cierta medida en los de ciencias.*

espera que usted haga la tarea de sus hijos pero sí que se asegure de que ellos la hagan y que los ayude cuando corresponda. ¡No se olvide de elogiar siempre a sus hijos cuando hagan un buen trabajo!

Ayuda con la Tarea

Si usted no habla inglés o si no puede ayudar a sus hijos con alguna parte de la tarea, pregunte por programas que funcionen después de clase en la escuela de sus hijos o en un centro comunitario local que los ayude con la tarea. Muchos de estos programas cobran de acuerdo a los ingresos, de manera que pueden cobrarle una cuota módica o ser gratuitos.

Numerosos estados ofrecen ayuda telefónica y en Internet a través de un programa que se llama *Dial-A-Teacher* (Disque un Maestro). Puede enviar por escrito sus preguntas concernientes a la tarea y obtener respuestas de maestros voluntarios que por lo general están disponibles entre las 3:30 y las 7:00 de la tarde. Visite **www.dial-a-teacher.com** o pida en su escuela un número de teléfono local o una dirección de Internet.

Tenga presente que el hecho de que tal vez usted no pueda personalmente ayudar a sus hijos, no le quita la responsabilidad de:

■   procurar conseguir a otra persona que los ayude;

■   estar alerta a las fechas de entrega de los proyectos y tarea escolar de sus hijos; y,

■   supervisar que terminen la tarea todos los días.

Recuerde que si no han estado en este país por demasiado tiempo, la escuela puede ser una experiencia difícil para sus hijos. Poder entregar la tarea a tiempo no sólo contribuirá a su éxito sino también a su autoestima. Puede ser que—como les pasa a la mayoría de los padres—a usted le resulte complicado entender la tarea pero, si ve que no los puede ayudar, busque a alguien que pueda hacerlo. La solución puede ser un programa después de clase, *Dial-A-Teacher*, un vecino, otro niño al que le vaya bien en la escuela, un pariente o incluso ayuda en Internet.

A continuación le damos algunos sitios que puede interesarle visitar:

- **www.refdesk.com** ofrece enlaces con sitios de varias materias de primero a duodécimo grado.

- **www.math.com** ofrece ayuda en matemáticas.

- **www.infoplease.com** ofrece ayuda en todas las materias; es ideal de escuela intermedia para arriba.

- **www.nationalgeographic .com/homework** ofrece ayuda para la tarea en las áreas relacionadas con naturaleza, ciencia, animales, plantas, mapas, historia, cultura y arte.

Medio Ambiente Adecuado para la Tarea

Por las noches, la casa puede ser un lugar muy bullicioso. En general hay adultos preparando la comida, alguien mirando televisión, otra persona reparando algo, o alguien ordenando las diferentes habitaciones. La gente entra y sale, hay

Felix Flores, Subdirector de Brookside School en Ossining, New York, comenta que la escuela espera que los padres provean un buen medio ambiente en el que los niños puedan realizar su trabajo. Esto significa:

- *un área limpia, silenciosa y bien iluminada (o sea que no debe haber televisión, ni hermanos gritando, ni adultos hablando en la mesa de la cocina, si ese es el lugar donde se hace la tarea);*
- *una silla cómoda, una mesa o escritorio;*
- *un horario específicamente asignado a la tarea en el que no se espere que el niño haga ninguna otra cosa más que su trabajo; y,*
- *una computadora. Si no puede comprar una, asegúrese de llevar a su hijo a la biblioteca pública donde en general hay varias disponibles. El señor Flores agrega que los padres deben estar disponibles para responder preguntas pero deben evitar darles a sus hijos las respuestas a problemas que deben resolver solos. La mejor manera de ayudar a sus hijos a resolver un problema es desmenuzarlo en pasos más pequeños.*

mandados que hacer y llamados telefónicos. Esta intensa actividad puede dificultar la capacidad de los niños de concentrarse para estudiar o hacer la tarea que deben completar para el día siguiente. Por eso es importante establecer un horario y un lugar fijo para hacer la tarea que les indique a los niños cuán en serio se toma la familia su trabajo escolar.

Respecto de la computadora, tenga en cuenta que en este momento hay una gran brecha educativa entre los niños que tienen acceso a la tecnología y los que no. En la actualidad la computadora es una herramienta básica de trabajo escolar y de preparación para el futuro laboral. Se consiguen a excelente precio y con todo tipo de financiación. Considérela una inversión imprescindible en el futuro de sus hijos.

Consejo Cultural

Tal vez usted empleos largas horas o en varios trabajos para mantener a su familia. Quizás a veces no tiene a nadie que se quede en casa con los niños cuando vuelven de la escuela y por eso se los lleva con usted a su trabajo nocturno. Tenga en mente que estos niños sufren de falta de sueño y en general se atrasan con su tarea escolar. Si esta es su situación, considere lo siguiente:

- haga arreglos para que sus hijos duerman en casa de algún pariente las noches en que usted trabaja;

- llame al departamento de Servicios Sociales (*Department of Social Services*) y averigüe si tiene derecho a recibir subsidios para el cuidado de niños; y,

- establezca en su trabajo un área para que sus hijos se sienten y hagan la tarea.

Capítulo 7

Participación de los Padres

Tanto los estudios hechos sobre el tema como los expertos coinciden en que cuando los padres participan de la educación de sus hijos, éstos tienen mejor desempeño académico. Hay varios motivos, el primero es que usted trasmite un mensaje positivo a sus hijos de que la educación y la escuela son importantes para usted y de esa manera se vuelven temas importantes para ellos. También es cierto que las escuelas prestan más atención a los niños cuyos padres participan en su educación porque éstos hacen saber sus expectativas y de esta forma, los maestros pueden enfocarse en esas expectativas. Otro punto importante es que si usted está involucrado, sabe lo que sus hijos deberían estar aprendiendo y puede

Claire Sylvan, la directora ejecutiva de Internationals Network for Public Schools, anteriormente International Partnership Schools, les recuerda a los padres que en la escuela intermedia los niños experimentan un sinnúmero de cambios. Necesitan encontrar un medio ambiente que los apoye y les permita conectarse con otros niños así como una familia fuerte que les ayude a resistir malas influencias. Es importante que usted se conecte con otras personas de la comunidad que compartan altas expectativas respecto de sus hijos.

seguir su progreso a diario, lo que le permite captar problemas temprano.

La participación de los padres en la educación de sus hijos no se limita a los primeros grados. Es fundamental para el éxito de sus hijos que usted también se mantenga involucrado durante la escuela intermedia y secundaria.

Consejo Cultural

A menudo los latinos tendemos a mantenernos alejados de las escuelas de nuestros hijos, ya sea por temor o porque creemos que es mejor dejar la educación en manos de los maestros. Pero las cosas no funcionan así. En este país cuanto mayor sea su participación en la escuela mejor será para sus hijos. Socialice con otros padres e intégrese a la comunidad escolar. Será maravilloso para la autoestima de su hijo y para su progreso educativo.

Hay muchas maneras de involucrarse; la principal es conocer a los maestros de sus chicos y saber cómo ponerse en contacto con ellos. También debe conocer al director, al consejero y al maestro de ESL. Debe asistir a las conferencias de padres y maestros y a cualquier reunión especial que organice la escuela. Por otro lado, también sería excelente para sus hijos si usted pudiera ofrecerse de voluntario en la escuela.

Marjorie Venegas comenta que la escuela es un lugar estupendo para que los padres aprendan acerca de la cultura norteamericana. "Pueden conocer a otros padres, averiguar qué hacen, cómo piensan y también aprender acerca de sus derechos."

Al involucrarse y aprender cuáles son sus derechos, usted se vuelve un mejor defensor de los derechos de sus hijos. Puede conseguir más cosas. Por ejemplo, aún cuando le hayan dicho que no tenían lugar para su hijo en una escuela, puede encontrarle un lugar; puede colocarlo en el programa bilingüe que usted prefiera y puede exigir tener un intérprete en una conferencia de padres y maestros. En el Capítulo 12 encontrará una lista completa de derechos y responsabilidades.

Consejo Cultural

Algunas escuelas o algunas personas que trabajan allí, pueden llegar a tener menores expectativas de los estudiantes minoritarios. Si este es el caso, puede ser que estimulen menos a sus hijos que a los demás estudiantes y como consecuencia esto se reflejará tanto en su nivel de rendimiento como en su autoestima. Si usted está involucrado en la educación de sus hijos, notará estos problemas de inmediato y podrá conversarlos con la persona correspondiente.

Voluntariado

En los Estados Unidos hay una cultura de voluntariado que muchos latinos nunca antes experimentamos. La gente se ofrece de voluntaria en todo tipo de organizaciones y los padres que están interesados en la educación de sus hijos, a menudo se ofrecen como voluntarios en sus escuelas donde hay numerosas oportunidades para hacer este tipo de trabajo. Usted puede ser parte de la Asociación de Padres y Maestros PTA o PTO (Parent Teacher Association o Parent Teacher Organization, por sus siglas en inglés), una organización sin fines de lucro que se encuentra en cada escuela y que agrupa a padres y maestros. Puede ayudar con sus actividades para recaudar fondos, con sus programas o con su administración. También puede ofrecerse como voluntario para ayudar al maestro en la clase, para acompañar a sus hijos en excursiones, para trabajar durante el receso, o para colaborar en la oficina. Simplemente avísele al director que le gustaría ser voluntario y déjele saber cuánto tiempo tiene disponible. En los últimos años, algunas escuelas muy buenas han implementado una política por la cual si los padres quieren inscribir allí a sus hijos, deben comprometerse a cumplir con cierto número de horas como voluntarios.

En 2004, Cornestone at Pedregal Elementary School en Rancho Palos Verdes, California, ganó el prestigioso premio Blue Ribbon por su Participación Comunitaria. Su directora, Jodi Pastell, está convencida de que su modelo puede ser replicado en otras escuelas. "Les pido a los padres que quieren inscribir a sus hijos en mi escuela que se comprometan a trabajar como voluntarios por 3.5 horas por semana. Esta fuerte asociación entre padres y maestros es clave para el progreso de los niños, y se puede ver por medio de un boletín trimestral hecho en base a los estándares." Al trabajar mano a mano con los maestros, los padres ayudan a crear un ambiente cálido, propicio para el aprendizaje y seguro, en el que los niños puedan triunfar.

La directora Pastell comenta que uno de los problemas más serios que observó en padres latinos cuando enseñó en una escuela bilingüe en New Mexico, fue su falta de participación en la educación de sus hijos.

Como dije anteriormente, hay muchas razones por las que los padres no participan en la educación de sus hijos. Puede ser porque no entienden el sistema educativo o porque sienten que es mejor dejar la educación en manos de la escuela. Es posible que otros no tengan tiempo porque trabajan duro. Sea cual sea su situación, debe intentar mantenerse siempre en contacto con la escuela (por medio de notas y llamados telefónicos al maestro) y con sus hijos en casa. Por otro lado, tenga en cuenta que no importa cuál sea su nivel de participación, hay una cosa que debe tratar de hacer y es ir a todas las reuniones de padres y maestros. En el próximo capítulo podrá leer más detalles acerca de ellas.

Revise la Mochila

Convierta en un hábito el revisar la mochila o bolso de libros de sus hijos todos los días cuando vuelven de la escuela. Es importante para evitar perderse alguna nota que le pueden haber enviado. No puede usar "no sabía" como excusa si la escuela le envía notas que usted no lee. Hable con el director o con el maestro si necesita que le envíen las notas en español.

Pero revisar la mochila tiene además otro propósito. Se enterará de inmediato si hay algo extraño, ya sea objetos que no pertenecen a sus hijos (y que tal vez hayan robado), o cosas con las que no deberían andar como cigarrillos, fósforos, drogas o armas.

John Diamond, un sociólogo y profesor asistente de Harvard Graduate School of Education, comenta que algunos educadores asumen que los padres latinos no tienen el tiempo, los recursos o el talento para involucrarse en la educación de sus hijos. Por lo tanto no intentan conectarse con ellos porque piensan que no tienen demasiado que ofrecer. Para romper este estereotipo usted debe aparecer a menudo en la escuela, hablar con el director y los maestros, ofrecerse de voluntario, expresar las expectativas que tiene sobre sus hijos y hacerles saber que quiere estar informado sobre su progreso. Si no puede estar en la escuela tan a menudo como quisiera, debe dejarles saber a los maestros y administradores que está comprometido con la educación de sus hijos y que quiere estar informado sobre lo que hacen en la escuela. "La comunicación es la clave para romper los estereotipos," explica el doctor Diamond.

Capítulo 8

Reunión de Padres y Maestros

Por lo menos dos veces al año habrá en la escuela una reunión de padres y maestros. En general duran unos veinte minutos y es muy importante que usted asista. Es una buena oportunidad para que se encuentre con los maestros de sus hijos, se entere de su progreso y de cualquier dificultad que puedan tener y a la vez para que usted exprese sus preocupaciones y su satisfacción con el trabajo de sus chicos.

Normalmente los estudiantes no están presentes durante la reunión. Es un momento en el que los padres y los maestros se juntan a discutir cómo van las cosas. En algunas escuelas los niños pueden estar presentes pero haciendo otras actividades mientras los padres y los maestros hablan. Últimamente, algunas escuelas intermedias y secundarias están invitando a sus estudiantes a participar de esta reunión. Estar presentes les da un sentido más fuerte de responsabilidad por su propio aprendizaje.

Recuerde que si no habla inglés tiene el derecho de pedir un intérprete. Si sus hijos están presentes en la reunión, no los use para interpretar porque pueden cambiar lo que usted o el maestro digan. También debe solicitar que el intérprete traduzca todo lo que se dice y que evite alterar el contenido.

Qué Hacer Antes de la Reunión

Para sacar el mayor provecho de esta reunión con los maestros de sus hijos, prepárese como si estuviera yendo a una reunión de trabajo importante. Hay algunas cosas que lo pueden ayudar a prepararse:

- Pregúnteles a sus hijos si tienen alguna duda o pregunta que les gustaría que usted discutiera con sus maestros.

- Converse con sus hijos acerca de sus horarios.

- Averigüe cuáles son las materias preferidas de sus chicos y las que menos les gustan.

Qué Llevar a la Reunión

Sería interesante que antes de la conferencia preparase unas notas sobre los temas que le gustaría discutir así como de información que debe compartir con el maestro. Por ejemplo:

- el boletín del año anterior si el niño se cambió de sistema escolar;

- una lista de materias que le gustan a su hijo;

- una lista de alergias que pueda tener su hijo;

- cualquier cambio reciente en la vida de su hijo como la muerte de algún pariente cercano, el divorcio de sus padres o alguna enfermedad; o,

- actividades extracurriculares en las cuales su hijo está involucrado.

Tenga presente que lo que usted quiere es establecer una buena relación con los maestros, por lo tanto, es una buena idea iniciar la reunión agradeciéndoles su labor. Si tiene detalles sobre trabajos escolares de sus hijos de los que se sienta particularmente orgulloso, este es un buen momento para compartirlos.

> *Claire Sylvan comparte su estrategia personal como madre: "Cada vez que visito a una maestra, lo primero que le digo es cuánto le gusta a mi hijo su clase. Solo después de decirle eso le hago mis preguntas o le comento mis preocupaciones." Como decía recién, es importante iniciar la reunión centrándose en algún dato positivo sobre la clase.*

Preguntas Importantes para Hacer

La reunión de padres y maestros es una oportunidad única para que usted haga preguntas que lo ayuden a entender el desempeño escolar de sus hijos, para evacuar dudas, y para obtener ideas que pueda implementar en casa para contribuir a su éxito. A continuación encontrará una lista de preguntas que tal vez quiera hacer:

- ¿Cómo le está yendo a mi hijo?

- ¿En qué materia le está yendo bien? ¿Me puede mostrar alguna evidencia?

- ¿En qué necesita mejorar? ¿Puede mostrarme?

- ¿Mi hijo participa en clase? ¿Contesta preguntas? ¿Es tímido?

- ¿Cómo se comporta?

- ¿Sospecha que pueda tener algún problema auditivo o de habla? (Si ese es el caso: ¿Con quién puedo hablar de los servicios disponibles?)

- ¿Qué se supone que debe aprender en este grado?

- ¿Hace toda la tarea regularmente?

- ¿Cuánto espera que yo lo ayude con la tarea? (Si no habla inglés, pregunte cómo puede recibir ayuda su hijo si la necesita.)

- ¿Cómo evalúa a mi hijo? ¿Con exámenes? ¿Por medio de su carpeta? ¿Por su participación en clase?

- ¿Qué exámenes se tomarán durante el año y con qué objetivo? ¿Cuáles son las fechas de los exámenes de mi hijo?

- ¿Cómo se usarán los resultados de los exámenes?

- ¿Qué significa una "F"? (Muchos niños les dicen a sus padres que hablan solo español que "F" significa "fine" o sea "bien.")

- Mi hijo ¿debería practicar las destrezas para dar un examen?

- ¿Usted sabe cuáles son los talentos especiales de mi hijo? ¿Me podría decir como ayudarlo a desarrollar esos talentos aún más?

- Específicamente, ¿qué puedo hacer para ayudar?

- ¿Asiste a la escuela todos los días mi hijo?

- ¿Con cuántas faltas lo suspenderán o perderá la clase?

- ¿De qué manera me puedo comunicar con usted? (Déle también al maestro sus datos actualizados.)

Después de la Reunión

Es una buena idea agradecerle al maestro por su tiempo. Puede escribirle una nota o llamar por teléfono.

Siga en contacto con los maestros durante el año, aún si a sus hijos les va bien. Al ver que usted y los maestros están en contacto todo el tiempo, sus hijos entenderán que la educación es una prioridad.

Hable con sus chicos sobre los puntos que surgieron durante la reunión. Enfatice primero los positivos y luego mencione lo que deben mejorar. También comparta con ellos cualquier plan de acción que haya discutido con el maestro para ayudarles a cumplir sus objetivos.

Capítulo 9

Prepare a sus Hijos para Entrar a la Escuela

Antes, cuando hablamos sobre la participación de los padres, el tema principal se refería a involucrarse con la educación de los hijos una vez que estén en la escuela. Pero la verdad es que usted debe empezar a involucrarse con su educación mucho antes que eso.

Hay numerosos conceptos que se les deben enseñar a los niños en casa cuando tienen dos, tres y cuatro años para contribuir a que estén maduros a la hora de entrar a la escuela. Si se asegura de que sus hijos adquieran ciertas destrezas temprano, tendrán mejores oportunidades de tener éxito en la escuela.

Prepare a los Niños para que Aprendan a Leer y Escribir

Es bueno que sea consciente de que los niños desarrollan los conceptos de tiempo y espacio cuando tienen entre tres y cinco años. Ayudarlos a internalizar este concepto abstracto por medio de actividades cotidianas específicas, será de gran valor para cuando lleguen a

La doctora Iris Yankelevich, una psi-coterapeuta que se especializa en terapia familiar, sugiere actividades como las siguientes: "Cuando esté guardando la ropa lavada, indique a su hijo: '¿Ves? los calcetines van en este cajón, la ropa interior va en este otro.' De esta manera estará ayudando a que el niño comprenda que hay un lugar para cada cosa. Esta es la misma destreza que el niño necesitará cuando aprenda a leer. Para ese entonces, le resultará más fácil entender que la letra "m" va delante de la letra "a" en "mamá". Esto también le ayudará a comprender que un sonido sigue al otro y podrá ubicar los diferentes sonidos en una palabra."

La doctora Yankelevich enfatiza que cuando los padres no les leen a sus hijos—no importa en qué idioma—los chicos llegan a la escuela sin estas fundamentales habilidades y se atrasan respecto de los demás estudiantes. "La falta de estas destrezas es lo que hace que muchos niños latinos nunca logren dar el salto entre leer mecánicamente y entender lo que leen," explica.

Kindergarten y tengan su primer acercamiento a la lectura y la escritura.

Hay otros factores necesarios para aprender a leer. Muchos padres latinos que no leen en inglés se rehúsan a leerles a sus hijos cuentos en español porque piensan que los van a confundir y que luego sus hijos tendrán problemas para aprender inglés. Por el contrario. Cuando les lee un cuento a sus hijos en español y les pide que se lo recuenten, los está ayudando a desarrollar muchas habilidades como memoria, concentración, atención, expresión, asociación, deducción e inducción. Estas últimas tres destrezas son procesos de razonamiento. Los niños podrán transferir fácilmente estas habilidades al inglés una vez que aprendan el idioma en la escuela.

Comuníquese con sus Hijos

Hay una cosa más que debe tener presente: procure evitar que el único modo de comunicarse con sus hijos sea a través de órdenes. Los chicos cuyos padres no les hablan, entran a la escuela con pocas habilidades lingüísticas. Sea cual sea el idioma que usted domina, hable con sus hijos. Converse con ellos, cuénteles historias, pídales que ellos le cuenten cuentos, juegue juegos orales y canten canciones juntos. Los ayudará a estar mejor preparados para la escuela.

Prepare a sus Hijos para Aprender Matemáticas

Igual de importante es introducir a sus hijos a los conceptos matemáticos antes de la edad escolar. Es fundamental que los exponga a estas ideas cuando tienen dos, tres y cuatro años.

Nuevamente, lo mejor que puede hacer es acercarse a estos conceptos de manera bien práctica. Por ejemplo, cuando lleve a sus hijos al supermercado, pídales que recojan dos manzanas y luego dos peras. Luego pregúnteles cuántas frutas tienen en total. Cuando los niños ven la aplicación práctica de los conceptos matemáticos, los internalizan de manera natural. Para cuando entran a la escuela no solo ya entienden fácilmente estas ideas sino que van a estar más interesados en las matemáticas porque han visto el lado práctico.

Prepare a sus Hijos para que Interactúen Socialmente

En los últimos años los chicos están pasando cada vez más tiempo jugando con videojuegos, la computadora, sus iPods y mirando televisión. Todas estas actividades los han aislado de otros niños y cuando entran a la escuela (durante los años de estudio y luego como adultos) les faltan destrezas sociales básicas como tolerancia, habilidad para dialogar, negociar y para aceptar al prójimo. Puede leer más sobre los efectos de esta tendencia en el Capítulo 11.

Para contraatacar estas tendencias, limite la cantidad de horas que sus hijos pasan metidos con los videojuegos, la televisión y la computadora y aumente el tiempo que pasan en actividades no dirigidas. Esto significa que, si bien es importante que los niños estén involucrados en deportes y diversos tipos de clases, también es fundamental que simplemente jueguen, sin adultos que les digan qué hacer. Esto les da la oportunidad de resolver por su cuenta los problemas que puedan surgir. Llévelos al parque a jugar con otros chicos, déjelos que se junten con sus amigos ya sea en su casa o en la de sus amigos.

Consejo Cultural

Muchos padres latinos consideran que si los hijos juegan con otros chicos están perdiendo el tiempo. Esta es la razón por la cual no consideran importantes los "pijama parties" (sleep overs) o las invitaciones para jugar (play dates). Sin embargo son una manera básica en la que los niños desarrollan sus destrezas sociales y aprenden cómo interactuar con otros. Los norteamericanos valorizan mucho estas actividades y realmente ayudaría mucho a sus hijos con su proceso de asimilación si usted también aprendiera a valorarlas.

Los Buenos Hábitos Comienzan en Casa

La comida tiene un poder cultural tan grande que muchos padres continúan alimentando a sus familias de la misma manera en que lo hacían en sus países natales. Sin embargo, aunque crea que les está dando la misma comida con la cual usted se crió, en realidad es muy dudoso que sea la *misma* comida. Lo más probable es que todo el proceso alimenticio (desde el sembrado hasta el empaquetado) de este país sea diferente que aquel al cual usted estaba acostumbrado. Durante este proceso, alimentos que serían normalmente sanos y nutritivos pierden mucho de sus nutrientes. A cambio, los fabricantes de productos alimenticios agregan sustancias químicas, hormonas, antibióticos y otros elementos de los cuales usted tal vez no esté al tanto.

Por eso, para asegurarse de que está suministrando a su familia los nutrientes necesarios para crecer, es importante que agregue una variedad de productos a la dieta.

Otro efecto positivo de enseñarles a sus hijos a comer en forma sana y de hacerlos conscientes de lo que es bueno para ellos y lo que no, es que a medida que crezcan y que lleguen a la pre-adolescencia y a la

La doctora Yankelevich menciona una investigación hecha hace unos años que indicaba la dificultad de entender matemáticas en niños a los que les faltaba hierro. "El hierro se encuentra en los vegetales de hojas verdes, en guisantes, y en todos los alimentos rojos: tomates, manzanas y remolachas. Al mismo tiempo se recomienda que los padres dupliquen la dosis de hierro en las niñas una vez que comienzan a menstruar, porque durante esos días pierden hierro y se ha probado que esa puede ser la razón por la que las niñas pueden tener mayores dificultades en matemáticas que los niños."

adolescencia estarán mejor equipados para resistir las drogas y el alcohol. A medida que los niños se vuelven más conscientes de los productos que se meten en el cuerpo, desarrollan una resistencia psicológica a sustancias dañinas.

Consejo Cultural

Tal vez cuando usted era niño las gaseosas eran un lujo en su país natal, algo que solo bebía de vez en cuando. Ahora que tiene fácil acceso a ellas lo hace feliz permitirles a sus hijos que las beban todo el tiempo. Recuerde que las gaseosas y muchos jugos de frutas están llenos de azúcar y de productos químicos que son perjudiciales para la salud de los chicos. Lo mejor que puede hacer para que sus hijos desarrollen hábitos sanos es ayudarlos a que se acostumbren a beber agua.

Para mayor información sobre temas relacionados con la crianza de niños latinos, vea el nuevo libro de la doctora Iris Yankelevich: *Padres de Hoy* publicado por Llewellyn Publishing.

Capítulo 10

Actividades para Ayudar a sus Hijos a Tener Éxito en la Escuela

El capítulo anterior se centró en cómo ayudar a los chicos a prepararse para entrar a la escuela. Este capítulo estará dedicado a todas las actividades que usted puede hacer con ellos para ayudarlos una vez que estén en la escuela.

En el mundo competitivo de hoy en día, todo lo que pueda hacer para ayudar a que a sus hijos les vaya bien en la escuela los beneficiará en el largo plazo. Recuerde que el hecho de tener una buena educación definitivamente les dará más oportunidades en el futuro.

Hay numerosas cosas que puede hacer con sus hijos o animarlos a que ellos hagan por su cuenta. En las siguientes páginas encontrará una cantidad de sugerencias divididas de acuerdo a las diversas destrezas a las cuales contribuyen.

María Guasp, principal analista de investigaciones del American Institute for Research y ex directora y superintendente de distritos escolares en New York y en California, le recuerda que los padres son los primeros maestros de sus hijos y por lo tanto, todo lo que usted haga con ellos puede ser de gran ayuda.

Tenga presente que deberá adaptar las sugerencias que le doy a continuación a la edad de sus chicos. No tenga temor de probar cosas nuevas porque ellos disfrutan de una amplia variedad de actividades. Los niños son como esponjas que absorben todo lo que los rodea.

Estimule el Desarrollo Lingüístico

Una parte importante de la maduración es la habilidad de expresar pensamientos, ideas y sentimientos. Es una destreza que los niños necesitarán para tener éxito en la escuela y en la vida. Al pasar excesiva cantidad de tiempo solos frente a la computadora, los videojuegos o la televisión, los chicos están menos expuestos a las interacciones sociales que les permiten desarrollar destrezas comunicativas. Tienen dificultades en expresarse claramente y entender lo que quieren decir los demás. También pueden tener dificultades en comprender lo que leen.

Para estimular el desarrollo de esta habilidad fundamental, tal vez le convenga probar alguna de las siguientes actividades recomendadas especialmente por la doctora Guasp.

- Haga preguntas y permita que sus hijos le den respuestas completas. No termine las oraciones por ellos.

- Escuche y preste atención a sus hijos cuando hablan. Mírelos y concéntrese en lo que dicen.

- Limite el tiempo que sus hijos miran televisión y también lo que miran. Transforme lo que miran en algo personal: pregúnteles por qué les gusta (o no les gusta), pídales que anticipen el final.

- Limite el tiempo que sus hijos pasan en el teléfono celular y jugando videojuegos.

- Canten y toquen instrumentos juntos.

- Jueguen juegos y armen rompecabezas juntos.

- Hágase tiempo para contar cuentos. Cuente historias de su niñez y sobre su familia. Haga que sus hijos le cuenten historias inventadas.

- Pídales a sus hijos que escriban un diario personal.

- Indique carteles en la calle y pregúnteles si conocen la palabra o la primera letra de la palabra.

- Pregúnteles cómo estuvo su día en la escuela.

- Léales a sus hijos todos los días en español o en inglés. Cuando termine de leer pregunte cosas como:

  - ¿A veces te sientes como el personaje del cuento?

  - ¿Cómo cambiarías el final?

  - ¿Te puedes imaginar como cambiaría la historia si estuviera contada desde otro punto de vista? (Por ejemplo, si *Caperucita Roja* estuviera escrita desde la perspectiva del lobo.)

- Pídales a sus hijos que le lean a usted o a un hermano menor todos los días.

- Tenga en casa muchos libros de niños tanto en español como en inglés.

- Obtenga una tarjeta de la biblioteca para poder tomar prestados libros, videos y CDs de la biblioteca pública.

- Lean himnos en la iglesia.

- Sea un ejemplo como lector. Lea el periódico, revistas, recetas, cajas de cereal, etcétera. Cuando sus hijos lo vean leyendo querrán imitarlo.

- Comparta con sus hijos artículos interesantes que haya leído.

- Escriba notitas para sus hijos y póngaselas en la mochila o bolsa del almuerzo.

Encontrará muchas más actividades de lectura en el libro bilingüe: *¡Leamos!/Let's read*, de Mary y Richard Behm, publicado por New Concepts in Learning.

Consejo Cultural

Si usted les lee a sus hijos en español los ayudará a desarrollar un sentido de la pertenencia y a valorar la lengua y la cultura familiar. A aquellos niños a los que se les lee—aun en español—les va mucho mejor en la escuela porque pueden transferir fácilmente sus destrezas lingüísticas al inglés.

Ayude a sus Hijos a Desarrollar Destrezas Matemáticas

Tal como discutimos en una sección anterior, entender matemáticas implica entender conceptos abstractos con los que muchos niños tienen dificultades. Por eso, si usted les muestra el uso práctico de las matemáticas estarán más interesados en aprenderlas en la escuela.

- Haga que sus hijos le ayuden cuando cuenta dinero o da el vuelto en una tienda.

- Haga que sus hijos le ayuden con las decisiones que toma al hacer compras, como por ejemplo figurarse que esto es más barato que aquello y qué producto es una mejor compra.

- Pídales a sus hijos que lean las instrucciones de una receta que usted esté preparando y que pesen los ingredientes.

- Haga que sus hijos saquen el promedio de goles de sus jugadores favoritos.

- Jueguen al dominó, Monopoly y otros juegos que se relacionen con las matemáticas.

- Asegúrese de que sus hijos sepan el vocabulario matemático. Para ello, deben intentar explicarle a usted cualquier concepto nuevo que aprendan para que así, usted verifique si lo entendieron.

Ayude a sus Hijos a Desarrollar Destrezas en Ciencias

¡Hay tantas áreas de la vida que tienen conexión con la ciencia! Cuando usted y sus chicos comparten en casa actividades entretenidas que están conectadas con la ciencia, sus hijos harán la conexión entre teoría y práctica y tendrán más interés en aprender la teoría.

- Construyan modelos juntos.

- Enséñeles a reparar cosas desde un tazón de cerámica hasta una tostadora.

- Tomen prestado de la biblioteca un libro sobre constelaciones y luego miren las estrellas de noche y procuren identificarlas.

- Tomen prestados de la biblioteca libros sobre peces y luego vayan a un acuario a identificar las diversas especies (o simplemente vayan de pesca e identifiquen los pescados que pescan).

- Caminen por el parque y tomen nota de la mayor cantidad de animales que encuentren. Luego regresen a casa y busquen información sobre el medio ambiente en el que habitan, sus hábitos alimenticios y demás.

- De acuerdo a las edades de sus hijos, recorte artículos del periódico acerca de temas científicos como por ejemplo los análisis de ADN (DNA) que le permiten a la policía encontrar criminales, los planes de *Virgin Intergalactic* para futuros viajes espaciales con pasajeros comunes, etcétera.

Ayude a sus Hijos a Desarrollar Destrezas Sociales y a Ampliar su Visión del Mundo

Un estudio reciente ha demostrado que al terminar la escuela secundaria a los niños les faltan ciertas destrezas sociales fundamentales para incorporarse a la fuerza laboral. La doctora Iris Yankelevich cree que en parte esta falta de socialización está conectada con el hecho de que los niños han tenido un control remoto en la mano desde la infancia. Ahora perciben que una relación es un juego en el cual deben medir cuánto control pueden ejercer. Demás está decir que esta no es la actitud adecuada para tener éxito en el mundo real.

Como padres, pueden ayudarlos a adquirir estas habilidades haciéndolos participar en conversaciones y en intercambios sociales de todo tipo con la familia, con amigos y con conocidos.

- Hablen de diversas carreras y empleos.

- Hagan viajes juntos. Todos los viajes son importantes, (ya sea a otro condado, al norte de su ciudad o afuera de la misma) porque presentan situaciones y exponen a los chicos a diferentes experiencias como andar en subterráneo (subway) o en autobús, visitar un parque o el zoológico, ir a la playa o a una ciudad bulliciosa. Muéstreles a sus hijos un mapa del lugar al que irán de visita e indíqueles cómo llegarán. Use estas oportunidades para iniciar conversaciones. Cuando regresen, sugiérales que escriban sobre el viaje.

- Organice citas de juegos para sus hijos para que socialicen con otros chicos de su edad afuera de la escuela.

- Invite amigos de sus hijos a dormir en su casa y envíe a sus hijos a dormir a las casas de sus amigos.

- Inscriba a sus hijos en los programas de después de clase que ofrecen los Boys and Girls Clubs o la YMCA. Ofrecen una amplia variedad de clases desde ballet hasta teatro y natación. En general cobran de acuerdo a los ingresos de la persona, por lo que pueden llegar a ser más accesibles de lo que usted cree. Para encontrar un club cerca de su casa visite **www.bgca.org**.

- Anote a sus hijos en una colonia de verano. Además de una larga selección de programas privados que van desde colonias de tenis o fútbol a colonias musicales, hay muchas agencias que ofrecen colonias gratuitas. Pídale más información al asistente social o psicólogo de la escuela.

- Lleve a sus hijos de campamento con amigos o déjelos ir de campamento (y a otros viajes) con sus amigos y sus familias.

Ayude a sus Hijos a Desarrollar un Estilo de Vida Sano

En el Capítulo 9 hablamos de la importancia de una buena nutrición y buenos hábitos de comida. Refuerzo una vez más los beneficios asociados con el hecho de que sus hijos sean más conscientes de cuáles alimentos son buenos y cuáles malos para ellos:

1. estarán más sanos;

2. a los niños sanos les va mejor en la escuela; y,

3. los niños que son conscientes de lo que se meten en el cuerpo están mejor preparados para resistir las drogas y el alcohol cuando crecen.

Por lo tanto es fundamental que inculque a sus hijos estas ideas de llevar un estilo de vida sano y de mantener una buena nutrición desde que son bien pequeños. En este sentido puede hacer varias cosas.

- Hable de cuáles son los alimentos sanos. Explique la diferencia entre alimentos buenos y malos. Establezca límites a la cantidad de azúcar que les está permitido consumir por día. Asegúrese de llenar su nevera con alimentos y snacks sanos.

- Busque recetas sanas y cocínenlas juntos. A los niños les encanta cocinar. Tomen prestados de la biblioteca libros de cocina con recetas divertidas.

- Hagan caminatas y paseos juntos.

- Manténgase activo usted mismo para ser un buen ejemplo para sus hijos. Anime a sus hijos a que se involucren en actividades físicas. Es bueno que formen parte de un equipo deportivo o que jueguen regularmente deportes con sus amigos.

Ayude a sus Hijos a Desarrollar el Amor al Arte

El arte embellece nuestro mundo. Aprender a apreciarlo contribuirá en gran medida a desarrollar la sensibilidad de sus hijos. Les abrirá los ojos a diversos puntos de vista, a la creatividad y a la diversidad, todo lo cual ayudará a que se conviertan en seres creativos, tolerantes y flexibles.

- Tenga en casa lápices de colores, crayones y papel y anímelos a dibujar y pintar.

- Busque en su periódico local eventos gratuitos como espectáculos presentados por las compañías de teatro locales, exhibiciones de arte, ferias, mercados de granjeros o conciertos.

- Visiten exhibiciones y museos juntos. Pregúnteles a sus hijos qué ven y qué sienten. Visite el local de regalos del museo y compre algunos afiches económicos para poner en las habitaciones de sus hijos.

- Enmarque y cuelgue todos los cuadros que hagan sus hijos.

Consejo Cultural

Quizá esté convencido de que debe desalentar a sus hijos si quieren entrar en una carrera artística, dado que en muchos países de Latinoamérica una carrera artística significa pasar hambre. Sin embargo, en los Estados Unidos, hay muchas carreras relacionadas con el arte que son lucrativas como diseño de modas, diseño de paquetería, compra y venta de cuadros y diseño gráfico. En lugar de ir en contra de la vocación de sus hijos, trate de trabajar con ellos para dirigirlos hacia una carrera en arte que ofrezca buenas oportunidades laborales.

Capítulo 11

La Escuela Secundaria

Si sus hijos se criaron en un país latinoamericano, la perspectiva de entrar en una escuela secundaria en los Estados Unidos les puede dar terror. Las escuelas secundarias en este país suelen ser grandes y muy populosas y además funcionan de una manera bastante diferente a la de sus contrapartidas en Sudamérica. Por eso le sugiero que durante este período les dé a sus hijos todo el apoyo que pueda.

El proceso para elegir una escuela secundaria es similar al de elegir una escuela primaria. Debe hacer numerosas preguntas para encontrar la que encaje mejor con las necesidades de sus hijos y sus planes futuros. Hable con su bibliotecario local, con otros padres, con maestros y personas de la comunidad.

Considere los siguientes puntos al hacer su investigación:

- El tamaño de la escuela, ¿es adecuado para sus hijos? ¿Es demasiado grande o tiene demasiados estudiantes? ¿Se sentirían mejor en una escuela más pequeña?

- La escuela, ¿tiene una especialidad? (Como tecnología, arte, matemáticas.)

- ¿Cuál es la composición étnica de la escuela?

- ¿Qué porcentaje de los estudiantes se gradúa por año?

- ¿Qué porcentaje de los estudiantes que se gradúa sigue la universidad?

- Comparado con otras escuelas de la zona, ¿cómo está catalogada en relación a los incidentes violentos?

- ¿Es agradable el ambiente? ¿Estimula a los estudiantes?

- ¿Hay un sentido de comunidad?

- Los maestros, ¿son conocidos por apoyar a los estudiantes?

Participación de los Padres en la Escuela Secundaria

La escuela secundaria es una época difícil para los chicos, más aún si no se han criado en este país. Son más independientes, están en busca de su identidad, se exacerba su necesidad de pertenecer a un grupo y están dispuestos a probar cosas diferentes. También son más susceptibles a las malas influencias. Todas buenas razones para que usted continúe siendo parte de su educación.

A este nivel, una de las áreas en la que usted debe estar involucrado es en el balance entre la vida social y el trabajo escolar de sus hijos. Si bien es importante animarlos a que pasen tiempo con otros jóvenes, la escuela secundaria es un momento donde cobra importancia el trabajo en serio. Las calificaciones son cada vez más cruciales para que sus hijos tengan mayores oportunidades de ir a la universidad que elijan.

Entérese de Cuáles son los Exámenes y Programas Claves

Hay muchos exámenes y programas importantes que aumentan las posibilidades de que un estudiante tenga éxito en la universidad.

Examen PSAT

Los educadores recomiendan enfáticamente que su hijo de décimo grado rinda el examen de PSAT. PSAT es la sigla del Preliminary Scholastic Assessment Test (Examen Preliminar de Evaluación Escolástica). Es un examen estandarizado que ofrece práctica directa para el examen Scholastic Assessment Test (SAT) (Examen de Evaluación Escolástica).

El PSAT evalúa:

- destrezas de lectura crítica;

- destrezas de resolución de problemas matemáticos; y,

- destrezas de escritura.

Tenga presente que los estudiantes han desarrollado estas destrezas a lo largo de los años, dentro y fuera de la escuela. Hay una cantidad de razones para alentar a sus hijos a que tomen este examen, pero estas son algunas de las más importantes:

- para recibir información sobre las fortalezas y debilidades de sus hijos respecto de las destrezas necesarias para estudiar en la universidad;

- para ver cómo se compara el rendimiento de sus hijos en un examen de admisión con el de otros niños que están enviando solicitudes a la universidad;

- para entrar en la competencia para becas de la National Merit Scholarship Corporation (que se otorga en onceavo grado); y,

- para ayudarlos a prepararse para el SAT o el ACT cuyos resultados se usan como parte del proceso de ingreso a la universidad. Sus hijos pueden familiarizarse con el tipo de preguntas y las instrucciones que verán en el SAT o en el ACT.

Programas de *Advanced Placement*

Junto con los resultados del PSAT, el maestro recibe un potencial de *Advanced Placement* (AP) por cada estudiante, donde le dicen cuáles son los estudiantes a quienes probablemente les vaya bien en la universidad. Si sus hijos están entre ellos, podrán anotarse en los programas de AP en los que podrán tomar cursos que los prepararán para el tipo de trabajo que se hace en la universidad. También pueden acumular créditos para la universidad.

No todas las escuelas ofrecen clases de AP así que hable con su director. En caso de que no las ofrezcan en la escuela de sus hijos, averigüe si pueden participar a través de Internet. Para mayor información, vaya al sitio Web del College Board en **www.collegeboard.com.**

Como padre es importante que ayude a sus hijos en el proceso de decidir si deben tomar cursos de AP o no. Conlleva arduo trabajo pero a la vez tiene muchos beneficios que usted les puede ayudar a ver:

- empezar temprano a hacer trabajo de nivel universitario;

- mejorar sus destrezas de escritura y agudizar sus técnicas de resolución de problemas;

- desarrollar los hábitos de estudio necesarios para enfrentarse con un riguroso programa de estudios;

- destacarse en el proceso de admisión universitario;

- demostrar madurez y buena disposición para la universidad;

- mostrar deseo de estrechar los límites personales;

- explorar el mundo desde una variedad de perspectivas, incluyendo la de ellos mismos;

- estudiar temas con mayor profundidad y detalle; y,

- asumir la responsabilidad de razonar, analizar, y comprender por sí mismos.

Es un hecho conocido que a los estudiantes que toman cursos de AP les va mejor en la universidad y en sus carreras. Si los ofrecen en su escuela, sus hijos deben sacar ventaja de esta oportunidad.

Exámenes de SAT y ACT

La única diferencia entre el SAT y el PSAT es el formato. El tipo de preguntas y las técnicas que se aplican al PSAT también son válidas para el SAT.

El SAT se ofrece siete veces al año—en general en octubre, noviembre, diciembre, enero, marzo, mayo y junio—los sábados a la mañana. El ACT, un examen similar al SAT, se ofrece seis veces al año—en general en septiembre, octubre, diciembre, febrero, abril y junio—también los sábados a la mañana. Para mayor información sobre el SAT, visite el sitio del College Board en **www.collegeboard.com**. Para mayor información sobre el ACT, visite el sitio de ACT Inc. (la editorial que publica el ACT) en **www.act.org**. Ambos sitios tienen una sección en español donde se puede enterar de los detalles de ambos exámenes.

Es fundamental que sus hijos tomen o el SAT o el ACT porque si bien es posible que las universidades tomen otros factores en consideración, la mayoría de las decisiones de admisión se basan en solo dos criterios: el resultado del SAT o el ACT y el promedio de notas durante el año (GPA, grade point average).

Los expertos dicen que muchos padres latinos no son conscientes de la importancia de enviar a sus hijos a cursos preparatorios para el SAT y el ACT, donde aprenden cómo dar estos exámenes. Hay que tener en cuenta que el examen requiere ciertas destrezas que los chicos no tienen aun cuando sean excelentes estudiantes.

A pesar de que los estudiantes pueden tomar estos exámenes tan seguido como quieran (aunque algunas escuelas sacarán un promedio de los resultados), es mejor prepararse bien para el examen, tomarlo una vez y sacar la mejor nota posible. Sería conveniente que o usted o sus hijos llamen a la universidad a la cual desean entrar para averiguar qué reglas tienen respecto a puntajes múltiples.

Consejo Cultural

Tal vez le parezca que a sus hijos les está yendo mucho mejor que lo que le iba a usted en su país natal y considere que sería mejor para ellos conseguir un empleo, o trabajar en la empresa familiar en lugar de ir a la universidad. Tenga en claro que cada vez más trabajos en este país requieren un nivel de destrezas superior a las que se adquieren en la escuela secundaria. Si sus hijos no obtienen un título universitario, sus oportunidades de tener éxito financiero en los Estados Unidos se verán reducidas drásticamente.

Tracking

Tracking significa que los estudiantes son agrupados de acuerdo a sus habilidades en una materia en particular. Por ejemplo, puede haber dos clases diferentes de matemáticas, una más lenta, carril lento (low track) y una más avanzada, carril avanzado (high track). Si bien se dan casos de agrupación de estudiantes por habilidades en las escuelas primaria e intermedia, en general en donde se agrupa de esta manera a los estudiantes es en la escuela secundaria.

En años recientes el tema de agrupar a los estudiantes según sus habilidades ha sido muy controversial porque algunas de las investigaciones han demostrado que hay una cantidad desproporcionada de minorías en el carril lento. Dado que se ha demostrado que los carriles lentos conllevan menor desempeño en los años sucesivos, es importante que usted se informe sobre este tema.

Algunos expertos consideran que agrupar a los estudiantes según sus habilidades ayuda a los estudiantes del carril avanzado porque tienen mejores maestros que los estimulan con material más difícil, mientras que al carril lento no lo estimulan lo suficiente. Otros expertos opinan lo contrario: cuando estudiantes de habilidades homogéneas comparten la misma clase (que es precisamente el objetivo del *tracking*) aprenden más porque el material está preparado para su nivel.

Una cosa es cierta: los chicos cuyos padres están bien involucrados en el tema (les consiguen ayuda en matemáticas y ciencia y consultan con los maestros acerca de cómo ayudar a sus hijos a mejorar en estas materias) tienden a ser colocados en los carriles avanzados. Como los padres con buen nivel educativo saben cuánto ayudó a su carrera académica estar en los carriles avanzados, ellos son los que más presionan para que pongan a sus hijos en esas clases. Por eso, para darle más oportunidades a sus hijos, debe volverse un experto en este tema. Si su escuela usa *tracking* para agrupar a los estudiantes, pida información al PTA.

Algunas Estadísticas Preocupantes

Debe estar consciente de que el porcentaje de latinos que termina la escuela secundaria es mucho menor que el de todos los otros segmentos de la población. Según datos de 2001 del Centro Nacional de Estadísticas Educativas (National Center for Education Statistics) del Departamento de Educación de los Estados Unidos, alrededor del 90% de los caucasianos de 18 a 24 años tienen un diploma de la escuela secundaria; el porcentaje de asiáticos y habitantes de las islas del Pacífico es del 96%, el porcentaje de afroamericanos es del 85% y de latinos es del 65%.

De acuerdo a la Iniciativa de la Casa Blanca para la Excelencia en la Educación de los Hispanoamericanos, uno de cada tres estudiantes hispanos no termina la escuela secundaria y solo el 10% de los hispanos se gradúa de universidades de cuatro años.

Según el Pew Hispanic Center, para cuando tienen 26 años el 43% de los hispanos que ha dejado la escuela secundaria ha recibido su GED (un diploma de equivalencia de la escuela secundaria) en comparación con un 50% de los blancos que dejaron la secundaria.

Sin bien hay varias teorías acerca de esta diferencia educativa, hay un número de razones que pueden contribuir a estas preocupantes estadísticas.

- Los estudiantes ven pocas posibilidades después de la escuela secundaria porque no hay empleos en la zona donde viven. Pueden creer que educarse no vale la pena.

Abe Tomás Hughes II. CEO de Hispanic Alliance for Career Enhancement (HACE) de padres mexicanos, nació en un pueblo de la frontera. Es el único de cuatro hermanos que fue a la universidad y se graduó con un MBA de Harvard University. "En Latinoamérica hay un sistema de castas. Si uno nació pobre, es muy difícil salir de la pobreza porque hay muy poca movilidad social. Esa es la diferencia con los Estados Unidos donde si uno estudia, puede cambiar de estrato socioeconómico. Yo lo veo en mi propia familia; miro mi vida en perspectiva y veo qué diferente es de la de mis hermanos. Ellos viven semana a semana."

- Los estudiantes minoritarios pueden sentirse excluidos del contexto escolar. Tal vez no se sientan valorados porque la escuela no acoge su cultura. Su segundo idioma no es percibido como una fortaleza.

- Puede ser que los estudiantes vean posibilidades de entrar en la fuerza laboral ya mismo y no midan que las consecuencias a largo plazo de no tener un diploma de escuela secundaria es la falta de movilidad socio económica.

- Los niños no se sienten exitosos en la escuela. No tienen lazos con adultos—maestros o consejeros— que podrían hacerlos sentir bien. Prefieren dejar los estudios y buscar algo que hacer donde se sientan bien consigo mismos.

- La escuela no les despierta un sentimiento comunitario. Se sienten "en comunidad" con una pandilla o en casa.

- Los padres creen que la escuela es importante, pero que ganar dinero es aún más importante.

Cómo Ayudar a sus Hijos a Quedarse en la Escuela y a Evitar Problemas

En los últimos años, las estadísticas muestran que cada vez hay más chicos latinos que dejan la escuela—o, si son inmigrantes recientes, que nunca entran a la escuela—para hacerse miembros de una pandilla. El rápido crecimiento de las pandillas urbanas preocupa tanto a las autoridades como a los padres.

Enfrentados con una falta de sentido de comunidad y de pertenencia, los jóvenes buscan alternativas que pueden terminar siendo una muy mala elección.

¿Cómo asegurarse de que su hijo no se meta con la gente equivocada? Por empezar, debe hablarles y aprender a escucharlos. Hábleles cuando son pequeños y nunca deje de comunicarse con ellos. Siempre trate de averiguar cuáles son sus intereses, sus preocupaciones, sus sueños y sus temores. Hágalos sentir amados, importantes y que valen la pena. Tenga presente que una de las razones por las que los niños se unen a las pandillas es para ser "alguien" y para hacer algo relevante. No les de la oportunidad de tener la necesidad de ser "alguien" en un ambiente peligroso. Ayúdelos a alcanzar su máximo potencial permaneciendo en la escuela.

Obviamente, la mejor manera de ayudar a que sus hijos se queden en la escuela secundaria es manteniéndose involucrado en su educación. No piense que porque ellos quieren su independencia usted debe alejarse por completo e ignorar lo que ocurre en la escuela.

Los adolescentes se enfrentan con mucha presión psicológica, cambios físicos, presión de los compañeros y torbellinos emocionales. Es importante que como padre le demuestre su fortaleza y apoyo y sobre todo que los ama y que está interesado en su bienestar.

Hay muchas cosas que usted puede hacer para aumentar las posibilidades de que sus hijos se queden en la escuela y que les vaya bien en sus estudios y que al mismo tiempo no se metan en problemas.

- Busque escuelas más chicas donde la instrucción sea más personalizada. Esto ayudará a que sus hijos se sientan apoyados y estimulados.

- Busque escuelas donde tanto un segundo idioma como la cultura latina sean valorados y considerados elementos positivos y no negativos, donde no les tomen el pelo a sus hijos ni los discriminen.

- Conozca desde temprano las fortalezas y debilidades de sus hijos en cada materia para que les pueda conseguir la ayuda necesaria.

- Sepa las fechas de exámenes y esté al tanto de la preparación requerida para los mismos.

- Haga que su casa sea el lugar en donde sus hijos pasan el tiempo con sus amigos. De esta manera conocerá a los amigos y podrá tener mejor control sobre dónde están sus hijos y en qué usan el tiempo.

- Participe en ferias escolares, en colectas para juntar fondos, y demás actividades tal como haría con sus hijos más chicos.

- Hágase un hábito de ir a la escuela para averiguar el record de asistencia de sus hijos, su comportamiento y notas, aún cuando la escuela no lo llame. El maestro puede llegar a decirle que sus hijos están demasiado callados o que no tienen amigos. Esto puede indicarle que hay algún problema que tal vez no haya notado en su casa.

- Establezca reglas y límites estrictos. Aunque se rebelen contra los límites, los adolescentes los necesitan y los quieren. Les muestra que usted se preocupa por ellos y los ama. Por ejemplo, como mencioné antes, limite la cantidad de tiempo que pasan mirando televisión, navegando en Internet, o hablando por teléfono. Muchos adolescentes se quedan despiertos hasta muy tarde a la noche y no duermen lo suficiente. Eventualmente esto afecta sus notas y con el tiempo, su asistencia a la escuela.

- Haga un esfuerzo por mantener un balance entre ser el amigo de sus hijos y ser su padre. A los padres que son solamente los amigos de sus hijos les resulta mucho más difícil criarlos.

La mejor manera de ayudar a que sus hijos se queden en la escuela, es detectar temprano las señales de que hay un problema. Para lograrlo, debe prestar mucha atención y debe estar preparado para cambiar su propia conducta cuando sea necesario.

> *Según Gustavo Iaies, un reconocido sociólogo, la democratización de las relaciones familiares ha hecho que sea mucho más difícil para los padres ejercer su autoridad en la casa. Tenga claro que tantos sus niños como la escuela necesitan que usted ejerza esa autoridad.*

Para empezar, siempre observe cualquier cambio de conducta de sus hijos: cómo se visten, sus hábitos alimenticios o patrón de sueño. La clave de sus observaciones es que debe evitar ser crítico porque si critica a sus hijos los alejará. Implementarán sus cambios sin que usted se entere. Por ejemplo, dejarán la ropa cara que compraron con el dinero de la venta de drogas en la casa de un amigo, y usted no se enterará de nada.

Entonces, si ve cambios, hágales a sus hijos preguntas como: "¿Te sientes más seguro usando ese pañuelo en la cabeza?" o "¿Te parece que debes llevar esos pantalones enormes porque los usan otros jóvenes?" Existe la posibilidad de que algunos de los cambios que experimentan sus hijos tengan que ver con su edad y no con el hecho de que se unieron a una pandilla o se metieron en problemas.

Si las notas de sus hijos empiezan a bajar, debe hacer lo mismo. Explore las causas en lugar de criticarlos o castigarlos. Haga preguntas como: "¿Crees que necesitas ayuda en esta materia?" o "¿Estás durmiendo lo suficiente?"

A menudo la crítica aparece en comentarios como: "¡No sé a quién te pareces! No tienes nada en común conmigo/con esta familia" o "Tu abuelo se avergonzaría de tu conducta." Comentarios de este tipo hacen que sus hijos sientan que no pertenecen a la familia y es probable que los empujen en la dirección equivocada. Por el contrario, su objetivo debe ser mostrar preocupación y ofrecerles un ambiente receptivo.

Los expertos sugieren que organice salidas entretenidas con la familia. Averigüe qué les gusta hacer a sus hijos y háganlo con toda la familia. De esa manera no sentirán que solo pueden divertirse con personas que no son de la familia.

Otra área donde quizá tenga que modificar su propia conducta para manejar adolescentes que están creciendo en los Estados Unidos, es el de permitirles tener tiempo para socializar afuera de la escuela. Muchos adolescentes sienten que no tienen tiempo de disfrutar con sus amigos fuera del horario escolar. Si usted no toma en consideración este tiempo en el calendario de sus hijos, es probable que ellos falten a clase y que eventualmente, dejen la escuela.

También debe darles tiempo y privacidad para que hablen con sus amigos por teléfono.

La Vocación de sus Hijos

La escuela secundaria es una buena época para comenzar a explorar la vocación de sus hijos. A esta altura, es probable que usted sepa cuáles son sus talentos. Empiece a hablar de lo que les gustaría estudiar al terminar la escuela. Aunque sus ideas no coincidan con lo que a usted le gustaría que estudiaran, sea abierto. Los jóvenes a los que se presiona para que sigan una cierta carrera (para apoyar la empresa familiar por ejemplo, o para que sigan una carrera que es considerada prestigiosa en su país natal) tienden a rebelarse y a rehusarse a ir a la universidad. Procure entender que la carrera es algo con lo cual sus hijos deberán convivir por el resto de sus vidas. Debe ser su elección.

Hecha la aclaración, usted puede guiarlos en el proceso de encontrar una carrera que se ajuste a sus necesidades y talentos. Como dije antes, una carrera en arte, por ejemplo, no necesariamente significa que van a pasar hambre. Usted puede ayudarlos a explorar carreras artísticas interesantes que les permitan expresar sus talentos y a la vez mantenerse. Hable con el consejero de carreras de la escuela para que le dé ideas,

El señor Hughes, CEO de HACE, pone gran énfasis en la necesidad de ir a la Universidad. "Hay una diferencia salarial enorme entre las personas que tienen un diploma secundario y aquellas que tienen un título universitario. Y la verdad es que cualquiera puede encontrar una universidad de cuatro años porque hay todo tipo de financiación y de becas para obtener ayuda." También cree que si su hijo tiene talento como estudiante, usted debe empujarlo a que vaya a una de las mejores universidades, para las cuales, dicho sea de paso, también hay préstamos y becas disponibles. "Ese es el lugar en el que harán todas las conexiones que les abrirán las puertas por el resto de sus vidas."

visite el centro de carreras de la universidad comunitaria local o realice con sus hijos búsquedas en Internet.

Consejo Cultural

En los Estados Unidos se valoriza mucho la vocación. En un mercado competitivo como este, es muy importante que sus hijos elijan una carrera en la que se sientan incentivados a crecer y competir. Si usted los fuerza a seguir la carrera de sus propios sueños o lo que se valoriza en su país, es muy probable que no alcancen su potencial y que además sean infelices.

Capítulo 12

Derechos y Responsabilidades de los Padres

Durante los últimos años, las escuelas han cobrado cada vez más conciencia de la importancia de que los padres participen activamente de la comunidad escolar. Como vimos en el Capítulo 7, la participación de los padres hace una diferencia en la manera en que los hijos perciben la educación y su trascendencia en su vida.

Naturalmente, cuando se trata de la escuela y de la educación de sus hijos, usted debe tener en cuenta que existen ciertos derechos y responsabilidades.

Sus Derechos

Si conoce sus derechos se convertirá en un mejor defensor de sus hijos. Tal como comenté antes, tanto los maestros como los administradores responden mejor a los padres que conocen sus derechos y los de sus hijos que a los que los desconocen.

- Tiene derecho a conocer a los maestros de sus hijos, el director y todo el personal de la escuela.

- Tiene derecho a estar enterado de todos los programas especiales en los que están anotados sus hijos.

- Tiene derecho a ser notificado de inmediato cuando sus hijos no están asistiendo a clase.

- Tiene derecho a ser notificado de inmediato si sus hijos necesitan tomar clases de ESL o recibir educación bilingüe.

- Tiene derecho a apelar la decisión de poner a sus hijos en clases de educación especial, ESL o de educación bilingüe.

- Tiene derecho a observar las clases de sus hijos en cualquier momento.

- Tiene derecho a llamar por teléfono al maestro de sus hijos y averiguar cómo les está yendo.

- Tiene derecho a ver los expedientes de sus hijos. Si los expedientes incluyen calificaciones, tiene derecho a ver las calificaciones.

- Tiene derecho a participar en reuniones de padres y maestros significativas.

- Tiene derecho a que le informen de cambios importantes que ocurran en la escuela.

- Tiene derecho a saber de cualquier programa de apoyo académico que haya para sus hijos.

- Tiene derecho a tener un intérprete presente durante las reuniones acerca del progreso de sus hijos.

- Tiene derecho a ser un "socio" (partner) de la escuela para apoyar la educación de sus hijos.

Derechos de los Padres de Estudiantes de Inglés

Para proteger a sus hijos de cualquier posible discriminación dada por su falta de destreza lingüística, si su hijo está tomando ESL hay algunos derechos adicionales otorgados por la ley *No Child Left Behind*.

- Tiene derecho a que sus hijos reciban una educación cualitativa y que los instruya un maestro calificado.

- Tiene derecho a que sus hijos aprendan inglés y otras materias como lectura, artes del lenguaje y matemáticas al mismo nivel académico que los otros estudiantes.

- Tiene derecho a saber si se ha detectado y recomendado que sus hijos participen de un programa de adquisición del idioma inglés y a aceptar o rechazar dicha recomendación.

- Tiene derecho a elegir un programa de adquisición de idioma diferente, si es que hay otro disponible.

- Tiene derecho a transferir a sus hijos a otra escuela si es que se identificó a la actual como "que necesita mejorar."

- Tiene derecho a solicitar servicios suplementarios para sus hijos, tales como clases privadas, si por dos años se identificó a su escuela actual como "que necesita mejorar."

- Tiene derecho a que todos los años se evalúe el progreso de sus hijos en la adquisición del idioma inglés.

- Tiene derecho a recibir información respecto del rendimiento de sus hijos en exámenes académicos.

- Tiene derecho a que se les enseñe a sus hijos con programas cuyo éxito ha sido científicamente probado.

- Tiene derecho a tener la oportunidad de que sus hijos alcancen su máximo potencial académico.

Sus Responsabilidades

Los derechos y las responsabilidades van de la mano. Como usted ya sabe—y con suerte este libro le habrá dado información extra—se espera que usted haga muchas cosas para ayudar a que sus hijos estén preparados para aprender y para tener éxito en la escuela. Aquí tiene una lista bien clara que puede servirle como recordatorio.

- Usted es responsable por mantenerse involucrado en la escuela.

- Usted es responsable por averiguar cómo funciona el sistema escolar en los Estados Unidos y adaptarse a él lo máximo posible para que sus hijos triunfen.

- Usted es responsable por enviar a sus hijos a la escuela todos los días.

- Usted es responsable por asegurarse de que sus hijos vayan a la escuela descansados, bien alimentados, limpios y vestidos adecuadamente.

- Usted es responsable por verificar que sus hijos hagan la tarea todos los días.

- Usted es responsable por proveer un buen medio ambiente en casa que sea conducente al estudio y a hacer la tarea.

- Usted es responsable por limitar el tiempo que sus hijos pasan envueltos en otras actividades que no sean la tarea escolar.

- Usted es responsable por proveerles un ejemplo positivo a sus hijos.

- Usted es responsable por comunicarle al personal escolar cualquier cosa que considere importante, y por mantener un canal de comunicación abierto.

- Usted es responsable por asistir a todas las reuniones de padres y maestros.

- Usted es responsable por no sacar a sus hijos de la escuela durante el año escolar para llevárselos de viaje o para ayudarlo en su trabajo.

- Usted es responsable por responder a las notificaciones que le envía la escuela.

- Usted es responsable por notificar por escrito a la escuela si sus hijos faltan por más de tres días por enfermedad. Para ausencias más prolongadas necesita un certificado médico.

Consejo Cultural

Además de todas las responsabilidades listadas arriba, usted debe aprender inglés. Este es el país que eligió para usted y sus hijos y por lo tanto aprender inglés debe ser una prioridad. Una vez más, cuando usted hace un esfuerzo por aprender inglés, está estableciendo un buen ejemplo. Está tratando de asimilarse a esta cultura y esa será la clave de su éxito. Piense en lo siguiente: usted ha hecho un enorme sacrificio dejando atrás su país natal para venir a los Estados Unidos. Aprenda inglés para aprovechar todas las ventajas de estar aquí y que se le abran todas las puertas.

Mensaje de Aliento

Espero que este libro lo haya ayudado a disipar algunos de sus temores y preocupaciones y que sea el primer paso en su exploración del sistema educativo norteamericano. Cuanta más información tenga, mejores oportunidades podrá conseguir para sus hijos. Recuerde que ellos se merecen lo mejor y que obtener un asiento en la escuela no es suficiente. Usted tiene en sus manos la posibilidad de buscarles la mejor escuela, los mejores programas y las mejores herramientas para que logren el triunfo académico. Y lo más importante: su apoyo es una clave fundamental para abrirles la puerta al éxito. ¡Buena suerte!

La Autora

Mariela Dabbah nació en Buenos Aires, Argentina. Es Licenciada en Filosofía y Letras de la Universidad de Buenos Aires. Ha vivido en New York desde 1988, donde por doce años fue la dueña de una compañía distribuidora de libros que servía al sistema de educación pública. Desarrolló una división de Participación de Padres para ofrecer entrenamiento para padres y maestros por todos los Estados Unidos. Una de sus experiencias más increíbles fue un entrenamiento a padres y bibliotecarios de la cultura Yup'ik en Bethel, Alaska.

Mariela es la autora de *Cómo Conseguir Trabajo en los Estados Unidos, Guía Especial para latinos*, publicado por Sphinx Publishing y el libro de cuentos cortos *Cuentos de Nuevos Aires y Buena York*, publicado por Metafrasta. A fin de 2006 sale publicado por Sphinx Publishing su libro *The Latino Advantage in the Workplace* que escribió junto con Arturo Poiré.

La autora fue invitada a numerosos programas de televisión y radio, entre ellos: "Despierta América" de Univisión, "Cada día con María Antonieta" de Telemundo, "Directo desde Estados Unidos" de CNN en español y "All things considered" de NPR.

Vive en Westchester, New York.

Puede contactarse con la autora a través de Internet a mariela@marieladabbah.com o visite su sitio Web para obtener mayor información sobre sus libros y actividades en

www.marieladabbah.com

- 1-57248-350-4
- 6 x 9
- 208 páginas
- $16.95

Estadísticas recientes indican que casi 6.7 millones de personas reciben pagos administrados federalmente de los ingresos del Seguro Social en el período de un mes. ¿Cuántas de esas personas recibieron realmente el dinero que ganaron?

- 1-57248-187-0
- 8½ x 11
- 176 páginas
- $21.95

Si ha sido víctima de un crimen recién, ha comenzado a involucrarse con el Sistema Judicial. Como víctima de un crimen tiene ciertos derechos y obligaciones dentro del Sistema de Justicia Criminal, y fuera del proceso criminal tiene oportunidades para buscar justicia, a través de litigios en la Corte Civil.

- 1-57248-186-2
- 6 x 9
- 256 páginas
- $18.95

Sus beneficios del Seguro Social pueden ser fundamentales para su bienestar. Escrito por un abogado y ex representante de la Administración de Seguro Social, el Manual de beneficios del Seguro Social le proporciona toda la información fidedigna necesaria para comprender en qué consisten sus beneficios y aprovecharlos al máximo.

SPHINX LEGAL
TAKING THE MYSTERY OUT OF THE LAW™

G U Í A S   P R Á C T I C A S

Aprenda las cosas básicas. Gane confianza. Explore las oportunidades. Estas son las razones por las cuales promovemos *Guías Prácticas*. Tómese su tiempo y lea lo que necesita saber para tener éxito. En la contratapa del libro usted podrá encontrar información sobre Inmigración, Bienes Inmobiliarios y otros temas de interés. Sírvase leerla. Todos nuestros libros se encuentran disponibles en su librería local, bibliotecas y a través de vendedores que operan en el Internet.

Cómo Comprar
un Automóvil
1-57248-546-9

Cómo Comprar
su Primera Casa
1-57248-487-X

Cómo Conseguir
Trabajo en los
Estados Unidos
1-57248-488-8

Cómo Iniciar
su Proprio Negocio
1-57248-532-9

Cómo Negociar
su Crédito
1-57248-462-4

Cómo Organizar
un Presupuesto
1-57248-463-2